有刺の情緒
斬・斷・離

絕交13種情緒暴力，
讓嫉妒開酸、吃味嘲諷、
帶刺怒嗆不再傷己傷人，
找回你的自信與強大內在能力

午堂登紀雄 著　林美琪 譯

「できないことはやらない」で上手くいく

方言文化

CONTENTS

Chapter 3

有刺情緒不失控的安撫絕技

Chapter 4

人際抗壓六訣竅，化解帶刺攻擊

前言

微調「帶刺情緒」，把力氣用在對的地方

親愛的讀者，當你看到本書原文書名：《「不去做自己做不到的事」就會成功！》（「できないことはやらない」で上手くいく），有什麼想法呢？

或許你會認為：「去做自己做不到的事才會成長進步啊！」「通常都是努力把不會的事情做到會吧！」

不過，我不是要你「一開始就放棄」、「不要挑戰未知的事」——有時會碰到還沒做就說「我不行」的人；明明做都沒做，卻認定自己行或不行，讓人真想吐槽他：「你有預知能力喔！」（苦笑）

本書原書名的真正意思是：「若努力過後仍不行，而且羨慕別人，覺得自己很沒用……，那麼，你可能是在不適合自己的地方苦苦掙扎著。與其這樣，不如乾脆放棄，另尋可供發揮長才之處。」

嫉妒，人類的基本情緒

人類是社會性動物，自古即過著團體生活。於是，我們從小就被拿來與他人比較；被評斷優劣；被強迫競爭。不知是否出於這個因素，我們都有「**嫉妒**」的情緒。

為什麼呢？其實，「嫉妒」是人類必備的情緒，我們正是將嫉妒轉化成「幹勁」、「不服輸」等正能量，才得以成長，社會也隨之發展。

另一種則是親密關係中的嫉妒、吃醋等，這種情緒會在我們察覺到有失去愛情之虞，為了不讓愛人被奪走時即刻啟動。（當有其他寵物靠近，愛犬會嫉妒橫生，猴子也一樣，會做出排斥其他公猴的舉動。話雖如此，絕大部分的動物並沒有嫉妒情緒，這是因為牠們的目的只為繁衍後代，不要求過著恩恩愛愛的生活，也就不必跟其他「情敵」較勁而嫉妒了。）

然而，與一般的喜怒哀樂不同，嫉妒這種情緒往往難以向人表明；難以與人分享；難以坦然接受。為什麼？因為產生嫉妒心，等於**承認自己比別人差**。

因此，嫉妒有時會化為劣等感、自卑感、挫折感等情緒來困擾我們。也有不少人不願承認自己比別人差，於是開始說人壞話、扯人後腿，不斷做出許多毫無建設性的行為。

戀愛和婚姻都一樣，要是受嫉妒控制而做出束縛另一半、讓另一半喘不過氣的行為，反而會讓彼此關係破裂，那麼，本來該是一種防禦反應的嫉妒，最後就會形成了反效果。

像這類輕視自己、過度在意別人看法、貶損對方、束縛他人、詛咒別人的人生，若說是我們真正期望的生活方式，相信應該所有人皆會反對。

夠快樂，就能善待人

我們本來就不是為別人而活。

這話不是在否定「為家人、朋友、社會做出貢獻」這件事，而是強調，我們應以自己本身的幸福為優先，**自己幸福快樂，自然能夠善待別人。**

而且，世上沒有一模一樣的人，因此，如果每個人皆能活出自己，世上應有七十億種生活方式才對。人人不同、才華互異，能夠發揮才華的場所、環境，自應有別。

例如，有些才華要在學校、公司才能發揮；有些才華要在高山、大海才能發揮。

可是，人類社會卻用學歷、收入、存款、地位等刻板的幸福標準來套住我們，因此我們才會懷抱原本沒必要且多餘的嫉妒心，搞得自己心浮氣躁。

因此，本書介紹幾種方法，讓你只要微調一下觀點，就能好好控制情緒，並且善加利用，為了方便你明白所謂的「微調」，我用「〇．一公分」來形容。

「嫉妒」也可以是正能量？

「調整」有兩種意思，一種是將**嫉妒心轉變成正能量**。

感到嫉妒這件事，其實是一種契機，它讓我們發現我們很看重自己、不願輸給別人。

為什麼？因為我們不會對無所謂的人事物產生嫉妒。

同時，這也是一個確認自己努力程度的好機會。例如，得知對手一天做一百次某件事的話，就要求自己做二百次。

此外，勝利是一種增加自信的寶貴經驗；事實上，即使失敗也能學習到不少教訓。為了贏得勝利，為了不輸給對方，你必須認真「研究對方」、「自我分析」、「掌握外部環境」，然後思考「戰略」。若沒有燃起的嫉妒心，就不會有這些磨練機會。

請不要只會將「那傢伙憑什麼？」的情緒，連接到「我要扯他後腿」的念頭上；而是把這種情緒轉變成「我要做給他看」，若能如此，不但一生都能與嫉妒和平相處，甚至人生會因此大不同。

這點，相信各位都明白。

不要「因嫉妒而痛苦」，要將嫉妒轉變成積極正向的動力。為此，本書介紹許多訣竅，幫助你微調一下看待嫉妒的方式。

不要讓別人決定幸福標準

「調整」的另一種意思是，找到自己真正感覺到幸福快樂的地方，然後移動到那裡去。

一如前述，人之所以「痛苦」、「鬱鬱寡歡」，可能是沒選對適合自己的環境、領域，以致無法發揮所能。

再說，世上不只優勝劣敗這回事而已，還有射飛鏢、保齡球等很多活動可以享受輸贏樂趣。

因此，我們不應該用別人決定的幸福標準，而是應該恢復成適合自己的幸福標準。

我聽過一則寓言故事——

櫻樹說：「竹子長好快啊，真是羨慕！」

竹子說：「櫻樹能夠開出美麗的花朵，真是羨慕！」

可是，誰說長得快就有價值？又是誰說花很漂亮就有價值？

櫻花確實很美，令人賞心悅目，櫻樹還可以做成煙燻用的木屑；竹子也確實生長快速，可以用在許多竹製工藝品上。但竹子是竹子，竹筍可以吃，做成烤竹筍等美味料理，一樣令人心滿意足。

換句話說，萬物各有各的價值，都是獨一無二的存在，比較櫻樹和竹子哪個優、哪個劣，毫無意義。

應該讓竹子和櫻樹各自發揮強項才是。人類也一樣。

你想在何處盛開？

本書最後一章，介紹許多防止遭人嫉妒的方法。

如果不了解嫉妒這種情緒，就不知道人們在碰到什麼談話、處於什麼情況下會妒火中燒，於是，有時不小心多說了一句便遭來旁人的嫉妒，甚至被扯後腿、踹一腳。

據說在演藝界，許多人爆緋聞，就是出於同行或關係人的嫉妒。而像二〇〇六年日本「活力門」公司的財報造假案（史稱「活力門事件」），以及幾個月後的股市名人村上世彰炒股案（史稱「村上基金事件」），都是太過招搖引來長輩嫉妒，結果一世英名毀於一旦。

許多公司職員也一樣，被毫無根據的流言中傷而慘遭降職、革職的案例也不在少數。

因此，只要知道人們在何種情況下會起嫉妒心；什麼樣的人容易嫉妒或遭到嫉妒，即能避免被這些人傷害了。

總之，只要你了解「嫉妒」這種情緒，就能明白如何掌控它、如何將它轉變成正能量。另外，如果你明白「自己」這朵花該開在什麼地方，也將有能力排除別人對你產生的負面影響。如果本書能夠幫助你活出自己，身為作者的我將感到無比榮幸。

二〇一九年七月
午堂登紀雄

Chapter 1

人為何會嫉妒、怕輸？

嫉妒、自卑，
是你內心嚮往的暗示

沒有比較，真的就沒有傷害？

不僅嫉妒，怨恨、眼紅等一般視為醜陋的情緒，都是在比較自己與他人，並且感覺到自己的優越性受到威脅時產生的。

也就是說，即便我們理智上明白別人比自己優秀，但情感上還是無法接受，這時候嫉妒心就跑出來了。

此外，當自己所愛之人愛上別人或是讚美別人時，我們也會妒火中燒，這也是自己的優越性受到威脅所致。另一方面，我們雖有「羨慕」、「憧憬」之情，但這些情緒不會令人鬱鬱寡歡，為什麼？因為我們是在接受對方的優越性後，才會生起「羨慕」、「憧憬」之情；通常這些情緒還會讓人亢奮呢。

由於無法接受對方的優越性而產生的嫉妒心情，會讓人想痛罵：「什麼東西嘛！那傢伙！」

補充說明一下，「嫉妒」與「羨慕」的意思不同，但很多人都夾雜著使用，為方便讀者理解，本書一律採用「嫉妒」。

嫉妒心來自與他人比較，因此，不比較就不會損傷自己的優越感，也就不會心生嫉妒。然而，現實生活很難做到這點。

人人都有獲得認同的欲望、比別人優越的欲望，而且深愛自己，會藉由比別人優越這件事來確認自己的存在價值，取得安心感。

這是人類自原始時代就有的本能吧。男人會誇耀自己比其他男人更有力量，以博取女人芳心；女人會誇耀自己比其他女人更有魅力，以留下更強的男性基因。

換句話說，嫉妒其實是人類與生俱來的情緒，但不少人都將之視為醜陋的負能量。

不會有人因為被說「你很愛嫉妒」而感到高興的；不會有人願意承認「我好嫉妒那個人」，甚至，有人堅決否認：「我才不是那種丟人的嫉妒鬼。」

情緒不醜陋，醜的是情緒失控

愛嫉妒的人，可以分為三種類型，分別為**「騷擾對方型」**、**「無視一切型」**、**「發奮圖強型」**——

❶**騷擾對方型**：有人會採取直接傷害對方的舉動（例如，使用損人的語言暴力，或是在背地散播謠言等），有人則會匿名上對方的部落格惡意留言，透過污蔑對方來洩憤、提升自己的價值。

❷**無視一切型**：這類人典型的句子諸如「我才沒那個興趣」、「不干我的事」等，他們會為了否定自身的嫉妒情緒，就說這些話幫自己洗腦，採取逃避現實的作為。

❸**發奮圖強型**：有的人會發奮圖強地說：「真不甘心，我要再加把勁！」「我也要努力達成目標！」

嫉妒會破壞人際關係

如果能像發奮圖強型這樣，將嫉妒的負能量轉化成「我要更努力，我要打敗那傢伙！」「我要努力讓他愛上我！」那就沒問題。

有問題的是「騷擾對方型」、「無視一切型」。

「騷擾對方型」很可能怒嗆對方：「我要把你拉下來！」「你做了什麼好事別以為我不知道，你劈腿了對不對！」做出類似踹對方一腳或是束縛對方的舉動，因而破壞人際關係。

至於「無視一切型」，因為這種人一直在欺騙自己，於是會被嫉妒情緒攪得心浮氣躁，或是企圖將自己正當化：「我才沒努力的必要！」

換句話說，若持續出現「無視一切型」、「騷擾對方型」的反應，最後可能讓自己墮入不幸的結局。

嫉妒，很醜陋嗎？

前面說過，嫉妒是人類與生俱備的情緒，因此，它不該是負面而被討厭的；不該是不准出現的醜陋情緒。

而且，前面也說過，人人都會嫉妒，這是我們一輩子都要與之打交道的情緒；若是如此，可以說，正因為有其必要，才會產生嫉妒之情。

例如，《小泉進次郎的戰鬥談話》*中寫道，小泉曾說過：「這個世界（政治圈）處處是嫉妒。儘管看不見，我始終感受強烈。從我的日常言行，到對媒體的發言等，全都是別人嫉妒的對象，因此我必須小心提防、謹言慎行。」

這件事說明了，嫉妒也能成為一股政治動能。可見嫉妒是多麼根植於人類天性中。

「人類的一切情緒，皆因有其必要才會產生。」若從這個觀點出發，嫉妒會有什麼樣的意義呢？

嫉妒起因於「自己的優越性遭到威脅」，因此，不妨將之視為人類的防禦

*《小泉進次郎の闘う言葉》，常井健一。文春新書，二〇一三。

本能，如同恐懼、不安一樣。

也就是說，當我們發現「別人比我更優越」時，會有所警覺：「不能繼續這樣下去。」而當我們恢復這份優越感時，嫉妒便會自然消除。

負「能量」用得好，扭轉劣勢很簡單

換言之，嫉妒是「發現有努力必要」的寶貴機會，是讓我們進步的動力。心生嫉妒時，我們會想：「好羨慕啊！我也要努力，將來像他那樣！」

但是，如果我們被激烈的嫉妒心控制，嫉妒便會以扭曲的方式表現出來，例如，出現「惡語相向」、「強行阻撓」等行為。

即便沒這麼明著來，也常有人來陰的。

暗地裡流言蜚語，對於受上司寵愛的女同事，就說：「那女的真囂張！」對於成績優異的女同事，則說：「大概是陪睡陪來的！」

男人也會指著比自己更快晉升的同事說：「公司是眼睛瞎了嗎？」「肯定是抱老闆大腿，死巴結來的！」「我看馬上就被看破手腳了，有種，使出你的本事來瞧瞧！」

我們在午餐時間的餐廳、夜晚的居酒屋，都會看到男男女女上班族在貶損別人的光景。

那麼，為什麼這麼多人會對人丟石頭來洩憤，以獲取短暫的優越感呢？

這是因為，用這種方式比較輕鬆。

要努力贏過對方很辛苦、很花時間，而且，人們通常不認為，也不會承認自己無能。因為承認對方優秀，等於自認輸了，那怎麼行！

但是，只要貶損對方，（感覺上）自己就能站上相對優越的位置。

正因為自己不必付出任何努力就能輕鬆獲得優越感，很多人便熱衷並沉迷於這種行徑。

然而，事情並不會因此有任何的好轉。

能否將嫉妒心轉化成正能量，結果可說天差地別，一個是不甘心而想方設法把對方拉下來；一個是發奮圖強，努力向上。哪一個才會為人生創造美好的結果，相信你一定明白。

人際四大雷區，害你心中長滿刺

那麼，人們會在哪些情況下產生嫉妒心呢？

其中有四種要素——❶與對方的距離感；❷層次比自己低的人變得比自己高；❸自己很關心、有興趣的領域，對方卻比自己厲害；❹被人公開指出自己的無能。當然，這四種要素同時具備的話，嫉妒心會更強烈。

距離越近，越容易嫉妒

例如，強烈嫉妒比爾．蓋茲或馬克．祖克柏的上班族應該不多。或者，當你是個基層員工時，不會因為看到不太有機會講話的經理升上總經理，就心裡不是滋味吧。即便質疑：「那傢伙憑什麼？」也不會因而感到「不甘心」，怒嗆：「跩個屁啊！」

這是因為對方本來就比自己優秀，而且距離遙遠。

反之，當距離感接近，而且是比自己層次低的人，突然變成比自己層次高的時候，就會產生嫉妒心了。例如，當比自己地位低的同期同事或後輩同事，突然領先自己，晉升到更高的職位時。

在社團活動中、運動世界中也一樣，當一年級的新生不但成為正規軍，還比三年級的自己更為活躍時，那情況肯定很令人咬牙切齒。相信很多人有過這種經驗吧。

以女性來說，雖會羨慕超級名模、英國凱特王妃，但不致於嫉妒她們。不過，若是公司的後輩女同事受到男同事的厚愛呢？

演藝界也一樣，如果一個女生偶像團體中，有年輕新人加入，並且贏得高人氣，其他成員會安心嗎？

總而言之，對遙不可及的人，我們會心生羨慕、憧憬；但對方要是地位和自己同等甚至更低，或者距離很近，隨時碰得到，就會心生嫉妒了。

話雖如此，儘管對方是後輩或者層次較低，但如果他出風頭的是自己沒興趣的領域，那麼也不會產生嫉妒心。

例如，公司的後輩在健美大賽中奪冠，由於自己對健美完全沒興趣，因此能夠大方地稱讚他：「好傢伙，真有你的！」

如果你對汽車沒興趣，就算友人買了法拉利，你說不定只會感覺到：「真敢亂花錢啊！」

但是，如果感興趣的話，反應就會變成：「什麼嘛！就憑他！」「明明是個女人！」「明明是個乳臭未乾的小子！」

除此之外，與本人的努力、實力無關的，也不會生起嫉妒心。例如，聽到友人中樂透的消息，會感覺到：「好棒喔！」「有點羨慕呢！」但不致於產生「我要把他拉下來！」「我要惡搞他！」的想法。

因為中樂透這種事「與能力優劣無關」，因此不會損及優越感及自尊心。

相反的，當你聽到同事創業成功，等於已經比較出努力及能力的優劣了，這時若是承認對方比較優秀，便會傷害自尊心，因此人們多半會加以否定，做出：「只是好狗運罷了！」「馬上就會垮了！」等反應。

少數人比較特別，只要看到比自己優秀、幸福快樂的人，即便完全不認識，也會妒火中燒。這種人尤其會在網路上酸言酸語，他們沒有特別針對誰，純粹只是洩憤罷了。

小心！別失去理智

有些愛嫉妒到走火入魔的人，甚至會在社群網站上留言詛咒別人：「祝你全家死光光！」

從旁人角度來看，實在難以理解為何會出現如此幼稚、醜陋的行為。這麼做不但不能改變什麼，當事者自己也無法幸福快樂。暗箭傷人、誹謗中傷等行為，只會讓自己更不快樂罷了。

然而，當事者早已經失去冷靜，不知道自己正在做一件幼稚的事。豈止如此，往往還深以為自己是正確、正義的。

嫉妒的副作用之所以危險，是因為它會讓人**失去理性而招來不幸**。

一旦受嫉妒控制，不管在工作、生活中，滿腦子都會充斥著憤懣不平，或是想拉對方下來的想法，以致無法深思熟慮。

一想到對方就心浮氣躁；一看到對方就心情惡劣，當然會影響工作。

想起壞事就會發生壞事。愛嫉妒的人之所以運氣不好，就是因為都不想正面的事情，也就容易招來不幸了。

關於這點我在後面章節還會詳加說明，如果你心中升起了強烈的嫉妒，一定要好好控制情緒，以免失去理智。

假關心、真貶低，怎麼回應？

最近常占據媒體版面的「貶低別人以抬高自己」、「展現優越感」行為，也是一種嫉妒的扭曲表現。

例如，會說出「你沒有小孩，所以不懂吧」這種話的人，就是認為有小孩比較優越，想表現出那份優越感。

然而，其實這樣的人往往沒有自信、煩惱不斷，對自己的生活方式、家庭生活也有些不滿足，因此想藉展現優越感來讓自己安心。

說到這，日本有個知名部落格叫做：「你還在拖著老命〇〇嗎？」（まだ〇〇で消耗してるの？）

該部落格的擁有者有些發言，例如：「你還不知道嗎？」「你還在〇〇嗎？」「你還沒〇〇嗎？」其實都是將自己正當化，以獲取別人認可的一種「自我肯定欲望」。

這位部落客認為自己的想法與行為很正確、了不起，因此要別人也這樣做，藉以確認自己的選擇是正確無誤的。

就為了那點「優越感」

那些會讓人覺得：「真是雞婆！」「現在說這什麼意思？」的話，多半也是出於嫉妒。

哪些話呢？例如，在職場上，對締造好成績的後輩說：「或許你現在走運，但這種時候最容易被人暗算喔。」「大家都說你得意忘形喔！」「這樣比較好啦。」「我說這些是在為你著想耶。」這些話都是一邊裝好人一邊貶損對方的狡猾之舉。

這種人的想法是——如果直接貶損對方，便會露出自己正在嫉妒的馬腳，因此不宜；但若是給予建言、忠告，就能佯裝善人同時輕蔑對方，而且不會顯示出自己輸了。

特別是當一群女生聚在一起時，很容易就會上演這種「貶損別人以抬高自己」、「展現優越感」的戲碼。

例如，粉領族會特別喜歡展現自己活躍於各種活動、工作忙碌且有成就感；家庭主婦則會展現自己養兒育女的價值、先生的才幹過人，彼此說些氣死對方的話。

不過，這類酸言酸語只是在炫耀自己的優越性而已，若你因此意志消沉或心浮氣躁，是在浪費力氣。

如果明白這是對方**心理脆弱**（缺乏自信而渴望獲得別人的肯定、想誇耀自己比較厲害）所產生出來的症狀，就能從容面對，一笑置之了。

他人「秀優越」，如何對付？

當你感覺到「這個人正在貶損別人以抬高自己」、「展現優越感」時，可以用下列方法對付——

❶**當耳邊風**：要說話不帶刺地應付過去，一般就是把它當耳邊風。儘管心想：「啊，這人是沒自信才會炫耀這些。」還是要應付應付地說：「咦？真的啊！」

「喔！」表示自己對他的誇耀沒興趣。

❷**改變話題**：「是說，關於〇〇啊……」如此若無其事地改變話題，不讓對方繼續損下去，也是一種好方法。

❸**冷淡以對**：當對方說：「這樣做比較好喔！」「我是為你好才說的呢。」你不妨冷淡回應：「謝謝你的建議，但我會自己做決定，請你不必擔心。」「你說的那些，我並不需要。」如此，對方就會摸摸鼻子心想：「跟他說也沒用。」也許冷淡以對會惹對方不開心，但老是被對方雞婆到受不了時，還是可以冷回一句，讓他閉嘴。

❹**極力讚揚**：「我男友在大公司上班，老闆誇他很能幹！」說這話的人，是在炫耀：「我男友很優秀，我被他選中，表示我也很厲害。」「我交到一個超優質的男朋友，好幸福！」

那就極盡挖苦地吹捧她吧，例如：「哇！太厲害了，將來肯定是最年輕的社長！搞不好還會登上封面人物呢！」或者故意語氣平平地說：「好棒啊！好棒棒。」

❺戳破對方的行徑：當對方毫無自覺地展現優越感，讓人心煩時，你可以乾脆把話挑明了說，戳破他的行徑：「安啦安啦，又沒人要跟你搶，你就放一百個心吧。」

如果怕說得太嚴厲，惹怒對方的話，不妨笑笑地回損一下，例如：「喂，你這是在損人喔！」「啊，我懂，你是在秀你的優越感！」

內心空虛的人

總之，驕傲自大的人一定有其他方面感到不滿、自卑，而且想要加以隱藏或抵銷，因此，若不在其他方面展現優越感，他們會崩潰。

這種不確認、不張揚自己的優越性便無法維持自尊心的人，可說是心理不成熟的人。

換句話說，這樣的男男女女，都是幼稚的可憐人，是所謂：「外表像大人，頭腦像小孩的『糊塗柯南』、『逆柯南』！」

這麼想以後，看到有人在損人、秀優越感、討人厭、說些自以為了不起的話，就能轉念：「啊，那個人正在拚命填補內心缺愛的空虛。」「這個人有什麼地方空虛、不滿足吧？」「他應該有種心結，以致不展現優越性便不知所措。」然後以憐愛的目光及微笑輕輕帶過。

這麼一來，相信多少能夠減輕你那股不甘心、悲慘、悶悶不樂的負面情緒才對。

真正對生活感到滿足的人，不會對他人誇示自己的優越狀況。

他們會保持相當的冷靜，不認為買賓士車、老公升官、拿到一筆大交易等事，值得一一告訴別人。

心思細膩的人甚至會顧及他人感受，例如，現場有女性朋友沒有小孩，就不會挑起小孩的話題。

但是，一個過度自戀的人從來不會懂得體貼別人，例如，在這種情況下，他會神經大條地說：「你們聽我說、聽我說，我家小寶啊……。」搞得大家都一肚子氣。

反過來看，我們也要時時注意自己是不是在貶損人、秀優越感，要仔細觀察周遭人的反應，免得自己淪為這種自我感覺良好又白目的人。例如，自己說完話後，現場氣氛若為之凍僵、發言遭到忽略、有人苦笑等，就要檢討一下自己說的話是否出問題了。

溫度太高的愛，傷人又傷己

在戀愛等情感關係中，最常出現的嫉妒行為就是「束縛」。

各位有這種經驗嗎?當看不到另一半時，便苦悶地東想西想：「他現在到底在幹嘛？」「為什麼都不打電話給我？」「為什麼已讀不回？」「是不是另有他人了？」這種因愛生起的嫉妒最是折磨人。

我也有過這種經驗。對象是大學時代的初戀女友，至今仍記憶猶新。

她和我在同一個地方打工，我老是在意她正在做什麼——也就是「束縛」著她。

例如，我會奪命連環扣；要是她和別的男同事聊得很開心，我會像小孩子般幼稚地鬧脾氣以博取她的關注。

到了晚上就胡思亂想：「她會不會跟別人約會？」於是騎著自行車衝去她家，見她房間燈亮著就鬆了口氣；要是沒開燈，就會心慌到坐立難安，之後還會追問她當時到底跑去哪裡……。

現在想起來，當時的我根本是個跟蹤狂，但在嫉妒的渦漩中，理智實在無法自覺到自己的脫軌行徑。

這樣的我令人窒息，因此結局當然是「被分手」，這段戀情僅短短幾個月便畫下句點。

我從這場失戀學到的教訓是——「束縛會讓對方沉重到透不過氣，往往以分手收場」「束縛並非愛的表現，不過是一種想要獲得安心的自私行徑罷了。」

因此，後來的戀愛，我都深以為戒，絕不束縛對方，並且不斷告訴自己：「不要煩人、招人厭！如果不想失去對方的愛，這種時候就得自制。」

當時才二十歲的我，之所以能從中記取教訓，理由之一是我後來便辭掉那份工作，讓女友完全消失在我眼前。

據同事說，後來她和另一個男同事交往了。如果我看到這種情況，肯定妒火中燒，就不會有這層領悟了。

保持一段物理上的距離，才能夠冷靜下來一個人好好反省：「我到底哪裡做錯了？」

另一個理由是，分手後，我閱讀大量的戀愛小說，拚命地、貪得無厭地讀書，試圖揣摩女人的感受及心思。

當然，每個女人的心思都不同，對待方式自然也不會一樣。雖然沒有正確答案，但透過閱讀小說的模擬體驗，我某種程度上能夠了解「通常這樣做，女生會不高興」「通常這樣做，女生會心花怒放」。

為什麼我敢這樣說，是因為後來我跟幾個女生交往，都不必由我主動告白「我喜歡妳」「我們交往吧」就能在一起了。這點我還挺得意的（笑）。

忙著追逐目標，哪裡有空嫉妒？

照理來說，如果真的很看重對方，應該能夠站在對方的立場著想才對。對方有對方的交友關係、有他的過去、有工作等種種事情。因此，總有不能接電話的時候；總有不能立刻回訊息的時候；總有突然取消約會的時候。

除非有很重要的事，否則沒必要老是心急火燎地看對方回信了沒。

當然，「不准你再看別的女人了！」這種適度的嫉妒，是一種愛的表現；稍微嫉妒、吃醋一下，倒是能讓對方開心。

不過，太強烈的束縛，最終恐怕會步上破滅之途。

過於強烈的束縛，來自過於強烈的占有欲。而束縛的原因一如前述，因為擔心心愛的人移情別戀，於是感覺自己受到威脅。

換句話說，正是因為缺乏自信，才必須一再確認對方愛著自己，並因此而得以安心。

為自己找事做

會做出一些束縛對方的行徑，像是半夜兩點命令對方：「馬上過來！」試探對方：「是不是有人約妳吃飯了？」發送一些令人難受的訊息，若對方回覆太慢便大發雷霆。自己以為這些舉動全是因為愛，但其實是將對方奴隸化，而對方一定感到被緊緊糾纏住的束縛感。

一個正常人，怎麼可能選擇這種令人喘不過氣的對象。這種過度強烈的束縛舉動，幾乎百分之百導致破局，而這就是愛嫉妒的人自己製造出的惡果。

由於缺乏自信，不確定對方是否愛著自己，於是想控制對方、獨占對方來消除不安——但即使明知如此，也不可能立即擁有自信。

儘管理智上明白：「束縛行為將破壞兩人關係。」但許多人在情感上依然無法好好處理，因此痛苦不已。針對這種症狀，以下提供幾帖處方。

第一帖處方是，尋找自己的世界，亦即投入其他喜歡的事情中，例如，與趣、工作等。

「他現在在做什麼?」「是不是劈腿了?」會有這些不好的想像,有時真的是因為吃飽太閒了。

比方說,與愛人分手而心碎,什麼事都不想做時,就到公司裡去埋首工作,這樣很快就能從悲傷中解脫出來了。

換句話說,**不要讓自己有空去妒火攻心**。

不是只有工作。登山、插花等等都好,一個能夠獨處的人,表示心情從容有餘,那麼表現出來的態度便會深具魅力。

即便工作上有不愉快的事,但因為能在自我世界中成長而肯定自己,你漸漸就能舒解壓力了。

然而,愛嫉妒的人多半無業或無固定工作、極少加班,屬於時間多又沒有興趣的人(即便有,也是買東西、看電視等,那些缺乏創造性、不需要努力、無法使人成長進步的興趣)。

人一旦太閒就會開始胡思亂想而變得不安,加上沒有興趣,沒有一個可自己獨處的世界。這種人在異性眼中毫無魅力，因此，他們談戀愛的機會少而且會抱有「這次要是完了，便沒有下次」的心態，於是百般纏住正在交往中的人，占有欲極強。

因此，如果你「正為嫉妒所苦」，不妨埋首於工作或興趣中。

如果你覺得自己是個嫉妒心強烈的人，不妨視為：「這是老天的指示，要我尋找一個可以埋首其中的世界。」然後開始認真尋找。

隱忍藏危險，釋放情緒很重要

另一帖處方，就是坦率地告訴對方：「我好嫉妒，嫉妒的原因是……。」

有些人就是一副好人模樣，不會將內心的不滿告訴對方；有些人則是認為不能表現出不滿而隱忍。這種類型的人容易一而再、再而三地壓抑怒氣，直至有一天忍不住火山爆發。

其實冷靜一想，就知道嫉妒無益於兩人關係，而且生氣抓狂毫無意義，只是在累積過多的怒氣後，理性的煞車器當然會失靈了。

因此，建議平常就零零星星地釋放出些許嫉妒心，讓情緒得以發洩、鎮靜。方法就是將自己的嫉妒心明白地告訴對方。例如——

「從前，我遭遇過這樣的痛苦，所以心裡很慌張、不安。」

「我很沒自信，不知道自己配不配得上你，很害怕有一天被你甩掉。」

「或許你覺得很麻煩，但我希望你能常常對我說愛我。」

諸如此類，不是情緒性地發言，而是冷靜地傳達想法。如此一來，或許對方就會回應你說：「傻瓜，怎麼可能！」「是喔，原來你想這樣，那我會常常說愛你的。」

請勿搞得太歇斯底里，否則對方反而會說：「你很煩耶！」「幹嘛老是這樣囉哩叭唆的！」「你不要這樣黏人好不好！」就造成反效果了。

還有一種方法很簡單，但效果不錯，就是對別人訴說。

被嫉妒心控制後，你的視野會變得狹隘，有時甚至會陷入負面思考的無限迴圈中，但是，藉由向別人傾訴，可以讓自己冷靜下來整理情緒，也能看見其他的觀點。

不過，如果是對同事苦吐水，可能有被洩漏出去而人盡皆知的風險，因此，宜選擇一個完全無利害關係的對象，例如，學生時代的友人等。

如果找不到合適人選，也可尋求心理諮商的協助。透過傾訴，一點一滴釋放情緒，就是一種排毒了。

Chapter

2

找到內心「強大領域」，
別讓情緒**醜化**你

再小也無妨，
體驗贏得勝利的喜悅吧！

自己的價值，何必給人決定

嫉妒源於與他人比較。

當然，與他人比較有時也是情非得已，但問題在於，「比較」容易產生自卑、嫉妒等打亂平靜心情的情緒，也可能致使你因優越感而變得驕傲自大，進而與周遭起衝突。

因此，應盡可能不與他人比較。或者，即便與人比較，也必須明白，一個人的價值不會因而增減——千萬不要受到負面影響。

然而，世界上就是有一種人，不與他人比較，便無從自我肯定。

這種人通常是幼年時期家庭環境有問題，或者自視甚高而過度自戀，往往有自我肯定感較低的傾向。他們無法自己肯定自己，必須要透過與別人比較來確認自己的價值。

不過，不論哪個領域都是人上有人，於是就容易產生嫉妒、怨恨、自卑、討厭自己的情緒，並受其控制。

認清自己「真正想做」的事

與人相比，有時會因為極力展示自己的優越性，反而認不清自己真正想做的事、想要的東西。

牛丼飯的削價競爭也一樣，如果眼中只有價格：「那家降價了，我們也非降價不可。」最後就只能做雞肉飯而已，何苦呢？

如果不與別人比較出優越感便無法自我滿足，表示自己太過依賴外在世界了，這種狀態其實相當脆弱。

這時，不妨回顧、省思一下。一直追趕對方，直到超越對方時，自己有得到幸福的感覺嗎？

站上較優越的立場，確實能夠滿足自尊心、滿足自戀，但這種感覺只有那個當下而已，你馬上又要為了品嘗優越感的甜美而不斷與他人比較，不斷讓自己顯得更偉大，最終落得逼死自己的下場。

如果為了滿足一時的情緒而拚盡全力，恐怕無暇去思考究竟什麼才是會使自己真正的幸福人生吧。

幸福，「比較」不來

這種時候，你需要的不是跟別人比較，而是聚焦於找出自己的個性並且發揮它。只要發揮個性，人人都是獨一無二的存在。

例如，加入偶像歌手團體，就會被拿來比較——誰站在最中央，誰在人氣總選舉中名列前茅。

但是，像和田現子*和黑柳徹子※，他們都在自己擅長的領域中發光發熱，很難說誰比較厲害吧。

*編註：韓裔女歌手，一度為日本跨年節目「NHK紅白歌合戰」出場最多女歌手。
※編註：日本知名演員、主持人，自電視放送以來，已在第一線活躍超過五十年，為日本電視史上代表藝人。

前面提到的牛丼飯也是，即便互相競爭比較，也應該追求自家店的價值，以獨特性來決勝負，而且採取這樣的態度才不會疲勞轟炸。

另一個重點是，把自己的做事原則分析得一清二楚，讓自己的價值觀更加明確。

「我是基於這樣的信念做事的。」如果信念能如此明確，那麼即便與人比較後相形見絀，也不會因此自卑而引燃嫉妒之火。

例如，我的車子是以十九萬八千日圓買下的中古輕型汽車，但我絲毫不以為意。為什麼？因為我只是短程代步用而已，所以不覺得需要花大錢買豪華名車來裝飾停車場。

的確，如果我買人人稱羨的豪華名車，早上出門會很神氣；晚上回家也會有被療癒的感覺，但那都只是曇花一現，我的人生並不會有所改變。因此，我完全不在意我的朋友、鄰居開什麼樣的車子。

當然，也會有澆熄不了嫉妒之火的時候。

這種時候，就要把嫉妒當成一種重新認識自身目標的機會：「因為那個人實現了我的夢想。」只要能如此轉念思考，就能冷靜分析對方有而自己沒有的東西究竟是什麼了。

幸福不是與他人比較來的，他人的成功也與自己的人生無關。每個人重視的事物皆有不同，因此，我們應該先理解——**再如何與別人比來比去，也不可能比出幸福的**。

明白這個道理後，面對別人的價值觀就能無動於衷，不會去批判，也不會感到憤慨了。換句話說，從此就能夠心平氣和地過日子。

事實上，理性成熟的人不會隨便與人比較，即便比較後心生嫉妒，也會將之轉化成「競爭意識」、「對抗意識」而奮發圖強。

少在不適合的地方「窮努力」

有些人看起來很成功；有些人看起來很活躍；有些人看起來過得很充實。但其實他們內心也可能有許多煩惱，只是我們看不見他們的內心世界，不知真相為何。

然而，當看到明顯比自己更幸運的人、比自己更幸福的人，你是不是也會因此心生嫉妒而感到沮喪呢？

尤其在網路發達的現代，社群網站成為許多人的宣傳舞台。我們可以隨時看見他人成功的訊息，因此，「人比人氣死人」的情況似乎不少。

只不過，正因為社群網站是一種很方便滿足自戀的工具，在上面炫耀自己的人，通常都是很需要獲得別人肯定的人。

因此，我相信現在的你心裡應該知道，完全沒有因為看到那些炫耀圖文而氣餒的必要。

你是不是只看到自己的缺點？

雖說如此，畢竟有人真的很成功、很活躍。

這些人之所以能夠發光發熱，是因為他們了解自己的長處，以長處決勝負。他們不但了解自己的才華及強項，還努力摸索出發揮方式，並有全力以赴的覺悟。

例如，足球選手不具備搞笑才華，誰也不會在意吧。唯有在自己擅長的領域中決勝負，才是讓自己發光發熱的不二法門。

然而，很多人都有一種傾向——只看自己負面的部分，例如，沒錢、沒才華、沒機會、腦筋不好、人際關係不佳等，就此認定自己是這樣的人，或是懷有這樣的自卑感。不知為何，人們往往很會看自己的缺點，卻看不見自身優點、強項、值得發展的能力。

不適合，就快跑！

以演藝工作來說，包括歌唱、話劇、電視劇、電影、相聲、播報員、氣象解說、音樂劇、綜藝節目等各種領域，因此沒必要樣樣精通。相信你也明白，其實能在其中一種領域中發光發熱就很棒了。

事實上，有人以搞笑藝人身分出道，卻在做菜方面走紅；也有人不會唱歌，但演技大獲好評。

因此，如果覺得現在路線不適合自己，就立刻改變方向吧。這並非要你「三天打漁，兩天曬網」的意思，而是要冷靜地嚴加判斷是否適合自己。

為此，當然要認清自己是哪一種人、具有何種個性與傾向、擅長與不擅長的項目是什麼、做什麼事情會感到幸福或痛苦等。

這讓我想起，我從大學時代起就有英語自卑感。我認為不把英語學好，便無法成為一名出色的商務人士。

於是，我就去買了英語學習教材，但研讀後深感挫折；數年後想到這件事又跑去買英語學習教材，然後再次深感挫折，就這樣一而再、再而三地過了近二十年。

出社會工作時，我也曾到英語補習班補習；自己創業後還去菲律賓的宿霧島留學學英語。

我每到書店，不會只到商務叢書區，也常常跑到英語學習叢書區去買書。

但是，某天我突然想到：「就算我把英語學好，也不能充分發揮我自己。」「這個領域不是我的戰場。」而且，我又沒有要出國工作，不會講英語無損於我的表現，反過來說，即便英語很強，我的收入也不會提高。

於是，我下定決心：「我要放棄英語了。」「不再學英語了。」「真有需要，請口譯就行了。」然後把長年蒙塵的教材和書籍全部丟掉。

我後來決定「以日語決勝負」，然後致力於寫作。這種改變讓我獲得幸福感，也終於擺脫掉對英語的自卑感了。

不想找客戶，就讓客戶自己上門

前面也提過相似的話，與其花力氣去克服不擅長的部分，不如尋找一個可以做自己、安身立命的環境。

人總會遇到合不合適的「適性問題」。例如，棒球名人鈴木一朗跑去踢足球，是不是能締造出今日的豐功偉業就不知道了。

我有一個朋友的個性內向又怕生，但他在當時上班的住宅建設公司，可是頂尖的業務員。

事實上，剛進到行銷部門時，內向的個性讓他吃足了苦頭，業績掛零。到了第二年，情況依然沒起色，又過了四個月，一間房子都沒賣掉。這種情況，大部分人都會考慮辭職換工作吧。

然而在這時候，據說他是這麼想的：「我很怕去找客戶，也不想去，如果這樣，若能讓客戶主動上門就好了。」

因此他想到一個方法，就是現今很流行的行銷手法——銷售信函（Sales Letter）。

他不擅於面對面的溝通，但很擅於寫文章。

他在銷售信函中寫上若干內容，例如：選屋方法及顧客心聲等有利購屋的資訊、他對自家公司及自家「住所」的想法、他本人的近況等，然後持續送給來展示場參觀的人、索取資料的人。沒多久，就有客人主動聯繫：「我想跟您具體談一談。」

最終成為頂尖業務員的他，如今已經獨立創業，從事行銷顧問的工作。

選擇幸福的工作方式

不要光羨慕活力充沛、長袖善舞的人，不要因為自己不是那種人就感到自卑。如果你很內向，就該選擇內向的人也能夠充分發揮的工作及職場。

如果你怯生又木訥，那麼與其拚命想克服改進，不如去從事適合這種個性的工作。這麼一來，才能致力於自己擅長且有益於人的領域，心無旁騖地努力下去，累積成功經驗。

我曾經開過一家公司，當員工陸續離開時，我煩惱了好一段時間，覺得自己是不是不適合當老闆、上司。

後來，我反省自己的個性、傾向，覺得自己不擅於指導人、鼓勵人，於是逐漸意識到自己不具備當經營者的能力。

因此，後來我就不雇用職員，自己單打獨鬥，碰到大案子就和其他公司合作，切換成「不必領導別人、管理別人」的工作模式。

幸好當初做出「不當領導人」的決斷，我終於得以擺脫一直以來的自卑感，並且深深感受到，還是選擇可以充分發揮自身特色的環境才有幸福可言。

畢竟矯正缺點不但要耗費莫大的心力，而且肯定不好受。

因此，請你仔細思考：「那是無論如何非改過不可的缺點嗎？」「在這種地方努力下去真有意義嗎？」「繼續忍耐下去真能迎向光明的未來嗎？」

聽說，有人因為公司的通用語言是英語，但他就是怎麼都學不好英語，因此換工作了。我想，這也是一種為了在工作中獲得幸福感的一種英明決斷吧。

他人評價，成功路上的絆腳石

在某個領域中受到讚揚、注目的人，他的自我肯定感會比較高，情緒比較安定。

尤其在幼年時期，獲得某種形式的勝利、好評等，這些提升優越感的經驗，可培養出適度的自我欣賞、自戀。

因此，如果你有年紀還小的孩子，應該讓他多累積一些贏得勝利、獲得肯定的經驗。

例如，學校的課業，如果算數不行就加強國語；國語不行就轉向自然、社會；這些都不行的話，就朝美勞、音樂、生活課程等領域去努力。

找出孩子擅長的領域，即便小事情都好，讓他有贏得勝利、獲得大家稱讚的機會。

運動方面也有各種項目，賽跑不行就足球；足球不行就桌球，幫孩子製造可以感受到「我在這方面表現出色！」的機會。

被比較，會失去自我肯定感

我自己本身不太會嫉妒，也沒有強烈的自我表現欲、認同欲望等。我想，那是因為我在幼年時期受到很好的照顧，不常被拿來與他人比較。

我有兩個姊姊，我的父母從不會拿我們互相比較，也不會與鄰居的小朋友、同學等比較。他們不曾對我說：「人家○○好會讀書，你看看你！」「你要跟○○學學，像他一樣用功！」

我沒被拿來與其他人比來比去，因此，不論成績好不好，我都不會被看輕、怒罵，也不會有奇奇怪怪的安慰或憐憫，能夠自在奔放地做自己。

這點非常重要。小孩在成長過程中一直被拿來與他人比較，會變得「只要不與他人比較就找不到自己的價值」，亦即**自我肯定感偏低**。

因此，他們會過度在意別人的看法，要是比別人差就會感到挫折、自卑或嫉妒；要是比別人優越，就會損人、展現優越感。

除此之外，愛與人比較的人，不會冒著讓自己失去好評的風險，也就是不會去做有失敗之虞的事。於是，他們只會做確定會得分的事，不去冒險挑戰，想法變得很保守。

我自己有小孩，也學過發展心理學，知道這項機制，而我的父母也是非常明理地教養我們，因此我充滿了感恩。

好經驗創造「自我認同」

除此之外，我在青春期時累積了相當的優越感，這點也很重要。

讓我老王賣瓜、自誇一下，我從小就是個運動健將，不論哪種體育項目，都是全年級數一數二。在運動會或體育活動上，我也總是明星選手。國中時擔任排球社社長，也曾在校內馬拉松大賽奪得冠軍（但實力還不足以參加全縣大賽啦）。

尤其，小男生只要運動強，就會受到女生歡迎，而且就連男生也會刮目相看，很容易成為風雲人物。

我的學業成績也在全年級名列前茅，國中時，老師推薦我參選學生會代表，算是深深感受到老師的看重。

由於這種情況一直持續到高中，因此我的認同欲望相當滿足，不太會有「我是……我是……」這種尋求別人認同的情緒。

「成功」會改變你

我們可以發現，當流浪漢搖身一變成為社長時，他的談話就會變得很有分量、很有說服力，表示一旦成功後，思考體系與行為體系都將大幅改變，充滿「我也可以」的自信。

尋找到自己能夠致勝的領域之後，你就會有自信：「就算這方面贏不了，還有那方面。」只要如此不斷嘗試，一旦自戀、成就感得以滿足，即便在其他方面有點自卑，依然能夠獲得幸福。

同時，只要有這樣的經驗，你看待事物的方法也會改變，能夠心胸寬大地讚賞別人的優點。

例如，人們不會拿網球好手錦織圭與溜冰選手淺田真央來相提並論，說哪一位比較偉大吧？足球好手很厲害，棒球好手也很厲害；會數學的人很強，會英語的人也很強……，能夠這像接受每一個人的傑出表現，才會快樂。

因此，如果你是個嫉妒心強烈，或者常常因為嫉妒而悶悶不樂的人，請找出一個自己能夠贏過別人的領域，即便是很小的事情都可以，讓自己體驗一下勝利的喜悅及成就感吧。

軌道無限多，別自己把路走死

若要獲得優越感，必須先知道，世上有無數條競爭軌道。

尤其在亞洲，人們多半會因為一次失敗就認定自己是個不折不扣的失敗者，而開始害怕挑戰、放棄人生，進而對社會不滿。

例如，有人只因為沒考上第一志願，便絕望地認為：「我的人生完了。」或大學畢業一時找不到工作，便自怨自艾：「我的人生走不下去了。」有人則是害怕：「要是失敗，就會被社會淘汰。」因而不敢創業。

諸如此類現象，都是因為如果認定競爭軌道只有一條，那麼輸了就是失敗者，人生就只剩下絕望；於是有些人無法勇於挑戰，越來越保守，結果人生的路越走越窄了。

但是，世上其實有很多條競爭軌道。

以大學來說，各種科系便多達一千種以上。例如，根據日本的維基百科來看的話——

1 形式科學

1.1 數學

1.2 統計學

2 自然科學

2.1 物理學

2.2 宇宙科學

2.3 地球行星科學

2.4 化學

2.5 生物學

3 社會科學

3.1 政治學

3.2 法學
3.3 經濟學
3.4 經營學
3.5 社會學
3.6 教育學

4 人文學
4.1 哲學
4.2 宗教學
4.3 言語學、語學
4.4 人類學、考古學
4.5 歷史學
4.6 地理學
4.7 文學

4.8 藝術
4.9 心理學

5 應用科學
5.1 計算機科學
5.2 工學
5.3 建築學
5.4 設計學
5.5 農學
5.6 醫學
5.7 牙醫學
5.8 藥學
5.9 醫學、牙醫學、藥學以外的健康科學而且，光是其中第二項「自然科學」的「2.3 地球行星科學」之中，就還有下列細目——

地質學、地層學、沉積學、地史學、古地磁學、古生物學、古動物學、古脊椎動物學、古無脊椎動物學、古植物學、微古生物學、生物地層學、構造地質學　岩石學、礦物學、寶石學、結晶學、應用地質學、礦床學、石油地質學、地質圖學、地球物理學、大地測量學、地震學、火山學、地球流體力學、海洋物理學、氣象學、大氣動力學、地球電磁學、宇宙空間物理學、自然地理學、地形學、氣候地形學、水文地形學、生物地形學、變動地形學、生物地理學、植被地理學、土壤地理學、地域地理學、地圖學、水文學、氣候學、行星科學、行星地質學、行星物理學、環境科學、跨學科地球科學、第四紀地質學、大氣科學、大氣化學、大氣電氣學、海洋學、土壤學、冰河學、陸水學、湖沼學、洞穴學、地生態學、地球化學、生物地球化學、環境考古學、古氣候學、花粉學　年輪年代學、火山灰編年學……

不但種類如此繁多，而且各有其專門研究者分布於世界各地，競相探索新發現、發表相關論文等。再加上最近又都流行跨學科研究，與其他領域結合後，種類更是無限增加了。

不僅學科分類如此之多，運動競技項目也高達二百種，此外，世界各地每天都在舉辦圍棋與象棋、插花與造園等各種比賽。

拿我自己來說，雖然我目前也從事寫作，但這中間同樣經歷了調整方向的過程。

我最初寫的內容是關於投資關係，後來，從商務技能、金錢的運用方法，到生活方式、富裕階層的習慣等，不斷改變方向。最近則是寫些自我開發、心理勵志類叢書，本書便是其一。

當市面上出現競品，以致我的書出現銷售瓶頸時，我就會去探索其他我能寫而且會暢銷的領域及主題。

或者，同樣是商業領域，但我就曾經做過不動產仲介業，然而後來出現很多強勁對手，於是我轉做外匯交易、商品期貨交易、海外不動產投資、賃貸併用住宅[#]，最近則從事太陽能發電投資等，不斷改變戰場。

但假使，自己明明天性個子矮，卻硬要以「身高」決勝負，那就永遠擺脫不了自卑感。

懷抱自卑感而且執著不已，便會看不見周遭的事情。因此，請換個方式想：「難道沒有其他可致勝的領域及方法嗎？」這點十分重要。

我國高中都是排球隊，以排球隊來說，即便個子矮小，但視野大、托球正確的話，就站中間；動作敏捷、很會接球的話，就當自由球員；很會跳又力氣大的話，就當主攻手；諸如此類，每個人皆有可以發揮強項的位置。

只要實力堅強並贏得比賽，便有自己也能貢獻的成就感，也就能消解個子矮小的自卑感了。

請你不斷思考，如何找出自己的各種價值、自己的表現方式，而不要讓觀值觀僵化。

在自己不擅長的領域與人競爭，當然不只有一個苦字了得，因此，請改變戰場，在自己能夠致勝的領域中決勝負，然後研究出可以發揮長才的方法吧。只要自己越來越進步，就不會去在意一些小缺點了。

是懷抱著「反正我就是沒用」的自卑感而自甘墮落；還是以「我要在這裡決勝負」為進步的原動力，將對人生產生天差地別的影響。

＃譯註：由自己居住用的空間與專門出租用的空間所合併組成的住宅。

情緒是警訊，請強化你的玻璃心

講到這裡，「自戀」一詞已經出現相當多次了。顧名思義，「自戀」是指珍愛自己、深信自己的感覺。

人人都會自戀，自戀會讓我們產生自我肯定感、自我成就感、自尊心等，也是不可或缺的一種情緒。

然而，過於強烈的自戀，則會產生過於強烈的認同欲望及自我表現欲，進而延伸出嫉妒的情緒——這則會害苦自己，讓自己與周圍格格不入。

別人不夠看重你，真的？

過度自戀的人，往往自視甚高。因此，他們常不滿意外界的眼光及評價，有時會刻意在人前放大自己。

「我應該是更值得肯定的」、「大家應該更看重我」、「我是一流菁英」、

「我應該幸福快樂才對」……。因為自視過高，現實又非如此，便心生不滿了。

但是，他們的自尊心又不容許自己承認外界的評價就是自身實力，於是，想跟自己說「不是那樣的」、想向人宣傳自己、想獲得別人的肯定等情緒，會強化對別人的嫉妒心，於是做出討人厭、強迫人、貶低別人以抬高自己的行為。

有些人還會表現出「千錯萬錯都是別人的錯」的態度，因為他們不願面對、不願承認自戀與現實之間的差距。

例如，看到業績好的同事，這些人就去搜索是否有不可告人的內情。會說：「應該是陪睡陪出來的吧。」這種行為就是因為不願承認自己能力差，而企圖將自己合理化。

背地說人壞話的狀況也一樣，他們的邏輯是：「不是我無能，我比他們認為的更優秀才對，但事情怎麼變這樣！不是我不好，是別人的錯！」

過度自戀

過度自戀的典型案例之一，就是所謂的「繭居族」，整天足不出戶，不與外界往來。

為什麼會足不出戶？因為不想受到傷害。他們自視其高，認為自己「很能幹」、「受歡迎」、「受到大家肯定」，但事實並非如此。一旦認清真相後，他們就會因為受不了打擊，想要逃避眼前的現實。當這種想法越來越龐大後，就會做出離群索居的行為。

即便還不到「繭居族」的地步，過度自戀的人還是非常多。

他們自視堅持遠大的理想，但偏偏實力又離理想太遙遠，於是越來越討厭自己，最後認定：「反正我就是扶不起的阿斗。」而變成一個自卑的人，或者想：「我只是還沒認真做而已。」「我對那種不入流的事沒興趣。」一開始就躲避競爭。

這種人雖然缺乏自信，但自尊心相當高；雖然不願努力，卻不想被人看低；雖然放棄了，可又不想被當成傻瓜；雖然沒有自信，但亦無法忍受周遭輕蔑的眼神。

舉例來說，有一個人表示：「我要當一名小說家。」卻遲遲不動筆。為什麼？因為他怕一動筆就會被看穿斤兩，等於自取其辱，因此這個人不願承認自己寫不出來。

為了保護這個如玻璃般脆弱的自戀，他便下定決心：「打從一開始就不參加比賽。」只要不參加比賽，就不必被迫吞下敗北的屈辱，也就不會因為無能而受到傷害。

即便腦中掠過：「是不是在找藉口？」的念頭，依然會給自己洗腦：「只要我願意，沒有做不到的。」「我只是沒認真做罷了。」

當然，要擺脫前途茫茫的不安，在生存不易的世界上倖存下來，或許這樣躲在自己內心、無視嫉妒情緒，也是一種方法。

像在網路上常見的「兼職恐怖主義」、「笨蛋推主」*事件，就是一種過度

*譯註：日本近年來的一種社會現象。有些兼職員工在店裡惡作劇，例如，爬進冰淇淋冰箱中，或是躲在洗衣店的烘衣機中——有些甚至是犯罪行為，然後公然將這些照片或影片放在推特等社群網站上，以博取大眾的認可。

自戀的症狀。

「反正只要能夠引人注目就好。」對他們來說，什麼手段都可以。這類型的人只想要能輕易地博取朋友青睞，成為眾所矚目的對象，他們的是非判斷力早已經麻痺，完全不會思考這些行徑會否被其他人看到，以及這些行徑將會招來的後果。

要說最終極的過度自戀行為，應該是「跟蹤騷擾」吧。

「這個人應該是喜歡我」、「我們是兩情相悅」、「她表現的討厭，其實是喜歡」當他們像這樣不斷自以為是地認定，就會開始死纏爛打，傳一些噁心的訊息給對方。

容易被嫉妒控制的人，都是不願努力又不肯降低自我評價的人，因此，他心目中的自己永遠與別人眼中的自己南轅北轍，並且一再對表現優異、獲得讚賞的人嫉妒不已。

這種時候，應該要修正自我評價，或是努力消除嫉妒心才是，也可以兩者雙管齊下。

當我們的情緒產生波動時，請將之視為一種警訊——有什麼事情進行得不順利；或者是哪個地方出問題。而此時的第一要務，就是分析原因。

只要能分析出原因，就能找解決之道了。

想發揮才能？從學會「放棄」開始

許多人以一種類似「放棄」的感覺來接受自己，這種感覺是透過挫折經驗來接受現實，具有正面的意義，例如，接受人上有人；接受總有自己努力也無法達成的事。

簡單來說，就是邊放棄許多事情邊適應社會，因此讓情緒能夠保持穩定。這裡的「放棄」，指的是「明確分辨」出自己擅長與不擅長的事，同時積極拓展人生。

如果你能做到這樣，就能夠適時理性地做出抉擇：「這件事我應該能成功，試試看吧。」或者：「這方面我應該勝任不了，我看算了。」

換句話說，自己勝任不了（無法發揮才能）的領域就完全放棄，然後全力尋找可致勝的領域。換句話說，**「放棄」才能發揮自己的才能**。

反之，執著於贏得好評、滿心嫉妒的人，會拚命想把別人拉下來而無法專心琢磨自己的才能，結果就是無法發現並發揮長才，庸庸碌碌過一生。

其實自己也不願意這樣，但因為一心總想要別人獲得不幸，結果便無心努力追求自己的成功。

當我們燃起鬥志：「我要做這個！」「我要做那個！」眼中是沒有其他人的，也唯有如此才能夠全心全意專注在自身及自己該做的事情上。

但是，沒辦法如此專注的人，就會東想西想而苦惱不已。

現實、理想的落差，這樣能彌補

一如前述，我自己也曾認為：「我應該是個有能力的經營者。」結果，這個自戀印象與現實不符，反而害慘了我。

為什麼我這麼努力在做了，員工還不明白？為什麼我對他們這麼好，他們還要一再抱怨？就這樣，痛苦日積月累，我開始認定：「我沒有錯，錯的是員工們。」

沒錯，過度自戀會把責任推給別人，永遠認為自己沒錯，錯在他人。

現實和你想的不一樣？

那麼，該如何修正自我評價，以免過度自戀呢？

說真的，其實並不容易，方法之一是——「勇於直視自我印象與現實之間的差距」。

請先將自我評價寫在紙上，例如：「我希望我是這樣的人。」「我應該是這樣的人才對。」然後與現實對比，一條一條列出對現實狀況的不滿。

接著，「現實是這樣，我是這樣……。」接受兩者之間的差距，鎖定自己該努力的方向。

從不同角度評價自己

另一個方法是：「從各種不同的角度來評價自己」。

愛嫉妒的人，通常對於努力、成功、幸福等的評價角度很單一，因此難以獲得「我也很努力啊」、「我也很幸福啊」的感覺，而這種不滿最終就形成對別人的嫉妒及自卑感。

但從另一個角度想：「我做自己就好了！」「我有沒有活出自我呢？」是以自己的理想為基礎點所進行的自我評價，外人無置喙餘地。

換句話說，如果有各種評價的角度，例如：「這部分的話，我沒問題。」「這裡還要再加把勁。」

當角度越多，就越不會抱怨：「為什麼我就是這麼沒用！」「憑什麼好處全都被他拿去！」反而能夠肯定自己地說：「我做好自己就行了。」

因此，請確立自己的理想，同時用各種不同的角度來評價自己。

與自目爭高下，只是白費力氣

一般人都是一邊面對現實，一邊逐步修正自戀狀況——自我要求、自我評價等。用這種方式來接受自己。

但是，知易行難。一旦過度自戀後，幾乎就難以自拔。

因此，如果你身邊有過度自戀到造成你困擾的人，你也不必企圖說服他、改變他。

別對自滿的人白費唇舌

例如，愛吹噓自己經常參加心靈成長課程、讀書會，愛秀英文「issue」、「agree」等單字來炫耀自己正在學習中，也就是所謂的「高意識系」，其實也都是想滿足「我很厲害喔！」這種自戀罷了。

或者常說：「我是為你著想才這麼說的！」這種愛強人所難的人，只是想滿足「我是這麼貼心的好人」、「我說的才對」這種自戀感而已。

「夏威夷啊，我去過好多次了！」如此炫耀的人，是想滿足「我比你們幸福喔！」這種自戀。

「那傢伙也太狗腿了吧！」這樣說別人壞話的人，則是想滿足「那人是用邪門歪道才受青睞的，並不是我比較差！」這種自戀。

這種類型的人可能根本沒察覺到他的自我評價與他人評價之間出現鴻溝，或者即便察覺到也拒絕接受。

就像長期足不出戶的「繭居族」，你只要看多了便明白，想要改變他們經年累月的思考習慣並不容易，尤其要是對方已經超過四十歲，更是幾乎不可能治癒。

因此，即便你真的被這種人搞得很火大，只要在心裡理解：「啊，這種人就是過度自戀。」「這種人為了滿足自戀，什麼事都可以幹得出來。」應該就能消消氣了。

但若今天的情況是，你自覺到：「我有點太自戀了。」表示你有自救的能力，而且已經獲得自救的機會，成功在望。

不想自戀討人厭，這樣做

愛與人相比而執著偏見的人，通常日常活動量不足，整天窩在家裡體力消耗不掉。

明明有力氣卻無用武之地，於是看到別人成功便心急如焚，因而產生嫉妒：「明明我不是這樣的！只要有機會，成功的人就是我，為什麼會是那個人！」所以說，很多惹事端的人都是無業遊民。

換句話說，越感到不滿表示體力越過剩；而且越是什麼都不想，反而越會拚命專注在某件事情上。

如果已經精疲力盡，只想著：「好累啊，好想睡啊！」便不會有力氣去東想西想：「我要惡搞他們！」「我要這樣做來報復社會！」

人都有一種本能，在嚴酷的狀況下會激發出強烈的求生意志。而「如何生存下去」的思考，便會產生「如何拿出成果」的積極意志（當然，「過勞死」

是另一回事）。

這個時候，惡搞和報復都與自己的生存無關，這種行為只讓人感覺很幼稚、很愚蠢。

日本一家曾經發生悲慘事件※的航海技術學校，就是利用嚴苛的魔鬼訓練讓許多年輕人重新振作起來。因此，除了那起事件太過頭以外，其他訓練方式，就心理學的角度來看，都是十分合理的。

從前，僧侶都是苦修來的，因為他們知道，把肉體逼到絕境，便能提升精神修為。

再說，這也不是什麼特別的事。運動世界、職場也一樣，「不經一番寒徹骨，焉得梅花撲鼻香」可說放諸四海皆然。

「明明我每天都拚到精疲力盡了……。」這種人的精疲力盡，可能是從驕傲或壓力來的。

如果有個可專心致志的對象，埋首其中令人渾然忘我，就不會去在意別人，也不會愛比較了。

能夠專心致志而獲得快樂的話，就能品嘗到幸福感，也就能夠認同並接受別人的成功及幸福。只要有越來越進步的感覺，你就會對自己的成長與才能生起信心。

總之，我已經說過很多次了，請找出能夠讓自己專心投入的事情吧！

※譯註：因校方過度嚴格的訓練及體罰，導致從一九七九至一九八二年間，發生多起學生在訓練中死亡、失蹤、自殺等案件。

放不下往日光環，如何舉起未來成就？

有人會以過去的自己為基準來與他人比較，進而產生嫉妒。例如拿「誇耀自己系出名校」、「誇耀年輕時的業績、功績」。這種「狂提當年勇」的驕傲，老實說真是不勝唏噓。

當上司、前輩、老人家提起當年勇：「我在你們這個年紀啊……。」如果只有難得一次，還可以回他：「哇，好厲害喔！」但如果同樣的話一提再提，可能就會使身旁的人感到厭煩，甚至想吐槽：「你這麼行的話，現在表現出來瞧瞧啊！」

然而，當事人往往就是不願接受自己目前的狀況及評價，才會對過去戀棧不已。

「我其實比你們想的更有能力。」「我應該得到更高的評價才對。」儘管他們在心裡這麼想，然而，現實並非如此。他們除了站上過去的榮耀舞台外，找不到其他可以墊高自己的方法。因此，如果不提當年勇、不藉此炫耀，便無法維持自尊心。

有人會冒失地直接問別人：「你是哪間大學畢業的？」這也是對拿不出像樣成績的現狀不滿，只能抬出自己畢業的名校來撐住面子的證據；如果對方就讀的大學比自己差，他就覺得自己高人一等而放心了。

又或者，自己並非東大畢業的，卻批評：「聽說東大出來的都不好用呢。」給自己洗腦：「我雖然進不了東大，但比東大出來的厲害。」

否定對方並不能提高自己的價值，但這些人錯以為拉下對方就能讓自己更優越。

「當初我們在帶小孩的時候啊……」像這類婆婆媽媽式的碎唸，也是摻雜了嫉妒與自戀。

「當初我們帶小孩多辛苦啊！」「現在的年輕媽媽太偷懶了！」則是在主張自己的教養方式才正確。

現在有些媽媽帶小孩坐電車時，碰上小孩吵鬧，會用手機安撫。據說有些人不以為然，即便不認識對方，也會嚴厲地指責：「用手機帶小孩，這種媽媽也太混了！」其實，這些話都只是在為自己的教養方式辯護。

要談過去，就從失敗經驗談起

到底該怎麼做才能拋棄昔日的光環，不致成為這種自以為是、嫉妒心重的人呢？

由於在無法接受自戀與現實出現差距時，人類就容易會出現這種行為，因此，解決之道就是虛心面對現在與未來，好好做自己該做的事，並藉此恢復自尊心。

更甚者，如果要談過去，乾脆勇敢一點，談談自己的失敗經驗吧。公開自己的缺點、弱點之後，就能坦誠面對：「我也是個普通人。」接受自卑感，達到下修自戀幻想的效果。

前面提過，我曾經營一家公司，結果以失敗收場，我也將這些失敗經驗寫成一本書——《菜鳥主管的職場求生術》#。

拿過去的自己和別人比較而產生嫉妒心，並不會讓事情有所進展，未來也不會有任何改變。

為了明日的生存，為了掌握幸福，除了留下必要的教訓外，你應該將昔日回憶與懷念通通拋棄。

順帶一提，一直跟著我打轉的那句標語「三十三歲創造三億日圓資產」，是演講會的主辦者及出版社等媒體為了吸引人或促銷所打出來的，我本人完全沒興趣。

那畢竟都已經是十五年前的事情，我早就放下了，也因此，我才會在之後又寫出一本《我在三十三歲創造三億日圓資產，並大膽在四十三歲讓存款歸零的理由》＊。

＃楓書坊，二〇二〇。
＊《33歳で資産3億つくった僕が43歳であえて貯金ゼロにした理由》。日本経済新聞出版，二〇一七。

試著發揮想像力

當我們無法肯定自己的幸福，價值觀僵化且視野狹窄時，就容易引發嫉妒心，因此，這種時候應多加發揮想像力，例如想像：「未必那個人擁有我所沒有的東西，就會比我幸福。」

例如，聽到其他家長在炫耀：「我家老公在知名大企業上班，終於升上經理了，年收入超過一千萬元喔。」應該會不甘心、悶悶不樂吧？

又或者，遇上有人自鳴得意地說：「我年終要到夏威夷的別墅去度假了。」相形見絀下，就會覺得自己好悲慘吧？

但所謂「人比人氣死人」，這種人往往無法想像別人也有別人的事情，光看表面無法了解他的真實情緒。

例如，有人這樣說我太太：「一直很活躍，又嫁了個有錢老公，孩子也生了，可說好事都賺盡了。」

但是，我們的大兒子在三歲時被診斷出有發展遲緩現象，當時她相當懊惱，甚至自我懷疑：「是不是我的錯？」

家家有本難念的經。

因此，就算你的朋友表現出自己嫁得金龜婿而驕傲，搞不好人家夫妻相敬如「冰」；搞不好她和公公婆婆水火不容；搞不好她本人有滿腹委曲。即便現在狀況很好，搞不好將來會被裁員；搞不好她那些引以為傲的事，根本是瞎掰出來的。

因為，表面驕傲這件事，表示那個人如果不驕傲就會感到空虛、不滿足。

拋棄「我應該這樣才對」的執著

「我應該這樣才對。」「我應該是這樣的人。」「大家對我的評價應該再高一點。」「我應該更被大家看重才對。」這類想法如果太強烈，就會過度自戀而無法建立良好的人際關係。

這種態度會造成你以高姿態發言；或是貶損別人以抬高自己；或是在談話中不斷提及「我怎樣、我怎樣」，旁人自然避之唯恐不及。

因此，當你心浮氣躁，或是看到別人幸福就感到不開心的話，請冷靜地想一想：「這種症狀，不就是因為我的**內心有所執著**嗎？」

以男性為假設，是不是因為執著於在公司受到好評、賺大錢？是不是因為執著於住豪宅？是不是因為執著於用愛車的等級來顯示自己的等級？

然後，試著探索下去——非要有那些執著嗎？真的必須比對方更優秀嗎？優秀這件事真能帶給自己幸福嗎？

如果你能夠轉念：「不論我比人優秀或比人差，都跟我自己的幸福無關。」就表示你有勇氣拋棄那些執著了。

保持適度的冷漠

我本人不太會去區分別人，例如，區分：「因為是男生，因為是女生，所以……。」「因為是大人，因為是小孩，所以……。」「因為是名人，因為是一般人，所以……。」不會因為對象不同而有差別待遇。

我也不會罵人，更不背地說人壞話。為什麼？因為基本上，我對別人沒什麼興趣。

那麼，為什麼我對別人不感興趣呢？因為一般來說別人不會對我的幸福有所貢獻。

對於那些不會為我們及我們家人帶來幸福的人，管那麼多只是浪費時間。因此，不論別人說什麼、做什麼，只要與我無關，我就自動略過。

為別人的事生氣，只是浪費時間

我不罵人、不背地說人壞話，也是基於認為，為那些無關緊要的人生氣只是在浪費時間罷了。

工作上及生活上都一樣，請趁早跟那些會讓我們火大的人斷絕往來吧，不如多花點時間和相處愉快的人在一起，或者多交點這樣的朋友才有意義。

這麼做，日常生活中便不會有情緒性的波動，能過得平安愜意。

對別人沒興趣，就不會對別人不滿，也不會對社會產生怨懟及不安。因為你會認為，不論政治、社會結構如何改變，只要不影響基本生活即可。

如果影響到你的法律及制度改變，你也只會做一件事，就是採取讓自己有利的方式，或者採取不讓自己不利的方式。

不過，即便社會結構改變，只要仔細研究，並且發揮想像力，你會知道，其實自己幾乎不會受到具體而負面的影響。

比半天，也沒有誰的人生比較好

我說過，我幾乎不會嫉妒人，但其實正確的說法是——我當然也有嫉妒心，只是我會馬上轉變成好奇、關心的情緒：「這個人是做什麼的？是做什麼成功的？」不會被情緒攪亂。

如果對方是投資成功的人，我會研究：「他是怎麼下判斷的？」「他是怎麼融資的？」如果對方是書籍大賣的人，我會思考：「現在很需要這類題材、切入點嗎？」並以此當作下一本書的企畫參考；也就是分析對方，從中學習。對我來說，嫉妒對象等同於分析、研究對象。

另一個原因是：「我自己的幸福主軸已經確立了，不會游移。」

就算我看到別人事業做得很成功，也不會多動心，因為我的幸福主軸是：「雇用員工、找辦公室實在太麻煩，既不好管理，還要付出相當的成本。與其這樣，不如選擇適合自己的規模、形態才幸福自由。」

因此，儘管有人一年的業績是數十億、數百億日圓，但我的想法很堅定：「我只要一億就好，然後盡情做喜歡做的事。」因此就不會有嫉妒心。

接下來，我想用我個人的價值觀，將很多人會起嫉妒心的項目一刀兩斷。

或許有人不認同我，覺得看不下去，但請別生氣，就想成：「這個作者腦筋怪怪的。」一笑置之就好。

他人的活躍、醒目

關於社群媒體，基本上，請你把它當成一個展現自己光鮮亮麗一面的宣傳舞台即可。

逛完社群網站後，你可能會覺得：「大家都好棒喔，就只有我最差勁。」我不客氣地說，這種人真是「單細胞動物」。同樣道理，對每件事都「老大不爽」、「悶悶不樂」的人，也是「感受性很幼稚的人」。

通常越是對目前的自己沒信心；對目前的生活不滿足的人，越會想要展現出自己活得很精彩、很充實的一面。

因此，看到有些人在社群網站上貼出「今天我的行程排這麼滿，超忙的」「我和這家大公司簽下一筆生意」等披露自己很活躍的訊息，我反而為他難過。

看到參加派對、聯誼會等的大合照，我的感覺是：「這個人很寂寞吧。」「他很想獲得一種自己相當活躍的感覺吧。」「他想讓別人知道他很能幹、人脈很廣吧。」

也因此，即使有時朋友貼上聚餐時的大合照會標註我，但我自己從不主動拍大合照，也不會刻意放在社群網站上。

我發布的訊息幾乎都是「我出了這本書」、「我要出席這場活動」之類的宣傳（出版社及主辦單位希望我將訊息透過社群網站傳出去）；或者孩子的模樣（無法經常回老家，所以貼孩子的照片給我父母看）；或者對某些新聞的感想；或者自虐地貼上家裡亂七八糟的樣子。

看到「我創業了」、「我成立公司了」之類的貼文，也沒必要沮喪地自我否定：「我沒辦法像人家那樣活躍。」

因為，那些只是一個形式而已，不代表將來會一直賺大錢。公司法人不過是種工具，只要辦理登記手續，誰都能當社長。

看到朋友出國喝洋墨水，或許你會覺得他好風光，但是，我有一個朋友在留學顧問公司工作，他說，其實很多人無法回收留學的成本。

現在的我是認為，如果有時間和金錢去留學、上研究所、考證照，按照別人的理論去做，不如自己開創一條新路。

看到朋友貼文：「我要移居海外了！」或許你會很羨慕。

但我曾在菲律賓的宿霧住過三個月，我認為還是住在日本比較快活。那裡的洗衣粉品質不太好，衣服洗過會爛爛的；牙刷等用品也一樣；不知是不是南海的魚類未經過波浪的沖激，肉質軟軟的沒嚼勁；治安方面也是日本較佳；而且外食種類豐富又衛生。

其他如美國，或許教育環境及創業環境不錯，但幅員廣大，出入都得開車，浪費不少移動時間。再加上，社會保險制度不完備（並非全民納保，醫療費用昂貴）、往往因通貨膨脹造成生活費用增加（住在舊金山和紐約的朋友便發牢騷，說年收入換算約一千萬日圓也過得勉勉強強），因此，有時我反而會想：「在那些地方生活，應該很辛苦吧。」

這樣說，是不是有點「酸葡萄心理」呢？「酸葡萄心理」出自一則寓言故事——一隻飢餓的狐狸經過一處葡萄架，架上果實纍纍。因為太高，想吃葡萄的狐狸伸手也搆不到，因此氣憤地說：「算了，反正那些葡萄酸死了！」簡單來說，就是不願承認自己失敗，因此輕蔑對方以合理化自己的一種行為。

如果我只有二十來歲，我不會有這些領悟，但今天我已經具備豐富的經驗及知識了。換句話說，了解越多，就越明白其實很多事情不值得羨慕。

如果我的心情波動了，我會去研究：「那是值得羨慕的事情嗎？」接著或許就會發現事情不如想像而不再衝動了。

評價高低

我大學畢業的時候，正值日本就業冰河期，找工作到處碰壁，只好先當了一陣子的打工族。後來好不容易才進入一家會計事務所，但無奈出錯連連，一年後被迫辭職。說起來，我算是從社會底層爬上來的。

幸好接下來的我特別幸運，到超商總部上班時，榮獲績優職員獎勵，而且幾乎每個重要企畫案我都受邀參與，因此相當有成就感。

我在許多同事都還是基層職員的時候就辭職了，因此不會碰到誰比較早晉升的場面，算是幸運吧。

然而就算我到外資顧問公司上班時，同事個個比我優秀，因此被後輩超越，我也是覺得：「果然！」「他真的當之無愧！」完全虛心接受。

話說回來，要是碰到能力差的同事先晉升，或是自己沒被提拔到重要的計畫中，應該還是會有點嫉妒吧。可能會升起一種被棄之一旁的落寞感，或是感受到「公司不需要我、不重視我」的不甘心，甚至覺得自己的地位不保。

運動世界也一樣，總有「既生瑜，何生亮」的情況，而某些選手永遠無法成為第一。如果只將掌聲給某一個人，那麼位居第二、第三的人情何以堪？

日本某女子偶像團體的「總選舉」也真是夠殘酷的，大家都那樣年輕，怎麼受得了啊？

現在的我，看到作家朋友在臉書上宣稱：「又再版了，累計達〇〇萬冊！」

或者：「我今天成交了一間〇〇億日圓的物件！」有時仍會忍不住羨慕：「哇！好棒喔！」

不過，我之所以只會羨慕不會嫉妒，是因為我有種近似於放棄的領悟：「自己只能做自己的工作而已。」

例如，以《怦然心動的人生整理魔法》※一炮而紅的近藤麻理惠。她的系列作品在日本已經累計突破一九九萬冊，在海外也十分暢銷，「日本怦然心動整理協會」也大受歡迎，研討會、演講皆場場爆滿。而且，二〇一九年，由近藤麻理惠擔綱演出的真人實境秀《怦然心動的人生整理魔法》於美國 Netflix 上映，收視亮眼。已有日本新聞報導，她將擴大事業，籌募數十億日圓基金。

的確厲害。不過，一本書的銷路好壞不光是靠書名、裝訂，當時的社會背景、剛好有名人上電視介紹等，機緣也相當重要。就算羨慕，我還是我，不會

※方智，二〇一一。

變成她。

因此，除了透過自己所能展現的最高價值、自我特色來表現自己，我也別無他法。

擁有的財產多寡

前面提過，我不會和人比較房子、汽車等財產，也不會羨慕別人。不是我要自賣自誇，我真的覺得我的精神構造挺不錯的。

我看見朋友開高級名車，反而會心疼：「花大錢在不能創造收益的東西上，實在浪費了。」

最近出現許多外型富威嚴感的高級迷你廂型車、客製化的輕型汽車等，在在顯露出「小流氓也很拚呢！」的感覺，看得好痛心。

如果你每天上下班都要開車，而且經常跑長途的話，當然可以選擇舒適又好開的車子，但以我的狀況來說，我幾乎都開短程，而且孩子還小，很容易打翻果汁而弄髒車子，因此我覺得中古小車就夠用了。

我對高級摩天大樓也沒興趣。我至今搬家約十次，已經很明白只有最初會對屋外瞭望景觀感動，後來就變成普通日常光景了。

豈止如此，因為早上通勤時間得等電梯、外出很花時間，有點麻煩。加上是集合式住宅，改建問題多，很不自由。

從前我也曾嚮往有庭院的透天厝，但整理庭院很費事；如果是面積大的豪宅，打掃則很辛苦，而且老了以後，二樓往往只會淪為倉庫。同高級車的理由一樣，我覺得花大錢在不能創造收益的東西上，是件很愚蠢的事。

因此，我的房子是賃貸併用住宅（我住樓下，樓上租人），沒有庭院，只種些小植栽而已。

至於名牌精品，我也一點都不會感到羨慕。

拿西裝來說，與其附上名牌標籤，不如材質舒服、縫製優良，而且與身型完全吻合的訂製品，才能穿出優美身線，增添風采。

公事包也一樣，好用才是重點，完全沒必要選擇名牌；至於錢包，我已經不太帶出門了，因為有信用卡和電子支付幾乎就夠了；我也不戴手錶，要看時間就看手機。

雖然帶小孩上公園時，大人總愛討論衣服哪裡買的、嬰兒車哪裡買的，但反正很快就不能用了，投入大筆金錢實在沒意義。

或許很多女性朋友有不同的看法，但我認為這些身外之物不能改變自己的價值，也不能決定身分的高低貴賤。

反而是沒自信的人，才會企圖透過名牌、高級精品來墊高身價。

如果有人拿這些東西來跟你炫耀，你就同情同情他吧：「這就是那種不炫耀財物就沒有自信的人吧。」

年收入、存款

我二十多歲開始當上班族，一直到三十五歲前，我從不在意別人的薪水多少、自己的薪水是不是很低。

因為那時我還年輕，而且第一份工作等同是被炒魷魚的，為了擺脫這種慘況，我什麼都不管，一心一意在提升自己的能力。

另一方面，在我創業初期，有段時間，我一直在和其他創業者、經營者競爭比較，比較公司的規模、員工的人數、據點的多寡等。

但現在我的價值觀已經改變了，我認為與其賣命工作，達到年收入一千萬日圓，不如降低到五百萬日圓以換取更多自由。

因此，當我看到有人創業比我成功，雖然還是會有點羨慕，但一如前述，我不會因而自卑，我會去研究：「這個人到底怎麼賺大錢的？」於是嫉妒之情立刻煙消霧散。

如果模仿對方的做法而順利成功，我會心生感恩：「多虧他給了我很棒的啟示。」如果不順利，我也能做出切割，並說：「畢竟我和他不一樣。」

再加上，我對別人的存款金額也不感興趣，我甚至認為：「存款越多的人越不懂得享受人生。」為什麼？因為這世界上可以透過花錢獲得更大快樂的事情太多了。

把儲蓄當成一種保險的話，還能理解，但儲存太多用不到的錢，等於限縮了自己的人生發展，因此，如果我聽到年輕人說：「我已經存了幾千幾百萬元。」「我手頭有幾千幾百萬元。」只會覺得他好可憐：「真是個守財奴啊！」

學歷與職場發展

地位越高，責任與壓力越大。領導部屬的上司都有莫大的煩惱。公司規模變大後，或許名聲響亮，但樹大招風，精神上其實很不自由。

這種感覺當然是我實際經營過公司後才明白的，現在，我對別人的地位如何完全沒興趣，聽到：「公司擴編了。」「公司上市了。」也只會覺得：「哇，好辛苦，真的很拚啊！」

此外，前面也提過幾次，有些人會冒失地談自己的母校，或是問人家哪一所學校畢業的。

愛母校這件事不容否定，但過了三十歲還在談論畢業自哪所大學的人，顯然就只是缺乏自信，對目前狀況不滿。

在漫長人生中，大學不過才占短短四年，如果那麼在意大學名字，表示那已是人生的巔峰，畢業後就沒再做出自己滿意的成績了。

上大學本來就跟人生的幸福無關，不明白這點的人，真是可憐。資格、證照等也一樣，未必考取了就有飯吃，就會幸福快樂。現今的日本，牙科診所開得比超商多，律師也是滿街跑；而且常有媒體報導，不少牙醫、律師的年收入比一般上班族還低。

「當上醫師就妥當了。」這種事只發生在職業選擇較少的地方縣市郊外。即便順利在地方開業當醫師，除了例假日、逢年過節，其餘時間往往不得休息，長期旅行更是不可能。只能從早到晚一整天不斷看病，然後如此日復一日、年復一年。

我毫不欣羨這樣的生活，事實上也有抱怨連連的內科醫師來找我討論不動產投資的事。

順帶一提，我的作者簡介中列出「〇〇大學畢業」、「美國註冊會計師」、「曾任職全球戰略性經營顧問公司」等資歷，不過只是為了讓商品更有「威信」、「說服力」罷了。

大學時代我常蹺課，所以對母校沒什麼感情（但碰到校友仍會備感親切，也會支持往返東京與箱根間的馬拉松接力賽「箱根驛傳」）。我雖考上美國註冊會計師，但沒有執照，也從不曾利用這項資格工作。

其實，我的大學畢業證書及美國註冊會計師的證書都老早弄丟了。唯獨曾在全球戰略性經營顧問公司工作這件事，倒是讓我有點自豪。

我家小孩比較棒

小孩很厲害的話，父母都與有榮焉，只是，很多人喜愛拿這類事情在媽媽圈中炫耀。

這種人也是自我肯定感低，以為炫耀小孩就可以抬高自己的身價。

在許多想獲得自我滿足感的人身上，經常可以看到這種傾向，就是將自己無法實現的夢想寄託在小孩身上，讓小孩打「代理戰爭」。

當父母將過多期待加諸在孩子身上，很可能阻礙孩子的精神健全發展。

為什麼？因為父母的意向優先於孩子的自發性，於是孩子得凡事忍耐、看父母臉色，搞不好哪天就火山爆發了。

所謂「英才教育」，的確可能讓孩子變成一流菁英，例如，棒球選手鈴木一朗、桌球選手福原愛等，就是典型案例。

但是，拿棒球來說，日本高中棒球人口約十五萬人，但能夠進入職棒的，一年僅八十人，而能夠進入一軍發光發熱的人就更少了。當然，能從日本職棒轉戰美國大聯盟的更屬鳳毛麟角。

鈴木一朗選手後面，還有幾十萬位棒球少年無法成為「鈴木一朗」，因此我說，英才教育未必有效。

我有一個小學同學，在虎媽教育下接受游泳魔鬼訓練，結果上國中就學壞了。因為小朋友心裡想：「既然那麼嚴格，那我乾脆不游了。」

或許因為唸的是鄉下公立國中，還有其他各種不學好的孩子，但主要原因應該還是出在他的家庭環境。

換句話說，在父母的期待下從小接受英才教育，反而造成孩子變壞的例子並不少。

因此，如果聽到其他家長，有人以子為榮到令人厭煩的程度，不妨轉個念頭：「啊，『小時了了，大未必佳』。在這種父母教養下長大的小孩，真可憐啊！」應該就能消消氣了。

結婚幸不幸？

亞洲人普遍有個觀念：「人要結婚才會幸福，要組織家庭才是個獨立的大人。」而且旁人有時會給予這種壓力，讓人覺得單身很沒面子。

例如，回老家時，父母愛問：「什麼時候讓我抱孫子？」在職場也一樣，沒結婚會被當成是人格有缺陷。而且學生時代的朋友一旦結婚生小孩，就開始話不投機了。

於是，有人因此開始對單身的自己、還結不了婚的自己感到厭惡、心急。

當然，想結婚的人就去採取行動，參加婚友聯誼；但是，認為「我不想結婚」、「我不覺得結婚有什麼好」、「我想一個人自由自在」的人，也該不卑不屈，勇敢做自己。

然而，人是情緒的動物，確實容易被他人的三言兩語中傷、一言不合而火冒三丈、憤憤無法釋懷等。

你應該多接觸各種案例、經驗談，了解婚姻不過是生活方式的選項之一，未必適合所有人，也未必保證幸福，藉此鞏固自己的判斷。

我個人認為結婚很不錯，但也曾一度上法院調解離婚。調解離婚是在家事法庭召開的，申請人等候室（申請人與對方待在不同地方）裡滿滿的女生，若有男生，差不多就是陪同前來的律師而已。

這麼多女生申請離婚，頗叫我吃驚。同時，我也隱約領悟到，結婚未必能走上幸福之道，也未必是適合所有人的生活方式。

如果你對已婚者的談話覺得不耐煩，不妨多結交一些與自己相同境遇的朋友吧。只要有人能夠理解你的心情，就能療癒那份煩悶了。

如果你身邊恰巧沒有這種人，不妨利用晚上或週末假日去學才藝或參加活動吧。

有家庭的人晚上會早早回家，週末假日也多半要全家出遊，因此，利用這些人不會出現的時間和場合，或許就能交到境遇相同的朋友了。

別踩地雷，避開愛嫉妒的人

我知道說這些很雞婆，但還是要提醒正在參加婚友聯誼活動的人，請仔細確認對方是不是過度自戀、嫉妒心強烈、自我肯定感低的人，然後再問問自己能否接受。

為什麼？因為這類型的人容易有家庭暴力、精神虐待、虐待兒童、反覆劈腿的傾向。

會施以家庭暴力、精神虐待的人，都是缺乏自信的人。因欠缺自信，於是反過來想透過控制對方來確認自己的價值，這是一種心理不成熟的行為。

慣性劈腿也是源自自信心不足。他們若沒感受到被許多人愛著便會不安。正因為想確認自己是被愛的人，才不斷劈腿。他們完全不認為自己做了不恰當的事，要是遭人指摘便發飆，更不會反省、改正。

和下列這些人結婚，有可能人生就此被耍得團團轉，甚至遭破壞殆盡，因此建議須特別留意——

❶ **愛談論自己、愛炫耀自己：**這是缺乏自信、過度自戀，話題總離不開自己，

企圖放大自己。這種人一下就被看破手腳了。

❷ **愛提當年勇、愛與同學黏在一起**：這種人總是沉緬於過去的光榮歷史，看不見現實與未來，因此會不斷不斷地話當年。

另外，他們會常常和老同學黏在一起，這也是逃避現實的形態之一。這種人對現狀不滿，喜歡與自認「同等級」的朋友見面來重回往日時光、療傷止痛，可說是重度自戀者。

❸ **愛下命令、愛說教**：這也是過度自戀者常有的傾向，他們會透過控制、束縛別人來確認自己的價值。

❹ **不順己意就不爽**：這種人自視甚高，認定自己永遠是對的，要是意見不被採納便會發脾氣、鬧彆扭。

❺ **愛下定論**：開口閉口都是「你就是這種人吧。」「一定是這樣的，準沒錯。」這種人喜歡確認「自己是正確的」來維持安心感，請特別留意。

❻ **愛找藉口、愛說謊**：愛找藉口和說謊的人，多半是自戀狂，凡事明哲保身，必要時不惜犧牲別人換取自己免於不利。他們會為了保全自身而信口胡言，

甚至什麼事都做得出來。

❼**愛束縛別人：**這種人很自私，為了安心根本不顧別人死活，甚至會用簡訊攻擊別人、死纏爛打。

❽**愛發牢騷、愛責罵人、愛批評：**這種人自視過高，不能接受自己與現實的差距。很可能他們未曾在認真努力後獲取成功，或是從挫折中站起來的經驗。

❾**對店員態度蠻橫：**比方說，平時為人親切，但碰到店員會立馬態度惡劣。這種人心懷不滿：「明明我是菁英分子，為什麼沒受到合理的對待！」於是將不滿情緒發洩成對地位較低者的攻擊。到餐廳等地方，會對店員說話不客氣或是用命令語氣的人，最好小心點。

❿**不遵守約定：**不消說，這種人認為自己比誰都重要，是個自我中心的傢伙。

⓫**情緒起伏激烈：**情緒起伏激烈的人，通常內省不足、心理不成熟，因此做事不會瞻前顧後，動輒暴走、抓狂，任性而易吃虧。

不過，這種人很快就會道歉：「剛剛真是不好意思，我太累了，所以脾氣暴躁。」容易讓人卸下心防，但他們會反覆暴走、抓狂，因此最好仔細觀察後，再決定是否相信他們。

⓬全身名牌，常帶人上高級名店：名牌要價不斐，這是一種藉金錢來展示自身價值，滿足支配欲的行為。到便宜的店家、讓對方付錢，在這種人看來，都像是一種貶低自己價值的行為，怎麼可能受得了？這種時候，不妨試著由你主動邀對方去便宜的燒烤店吧。

此外，通常這種女生會選擇比自己收入高的男生；而自尊心過高的男生，碰到比自己更會賺錢的女生，則會備感卑屈。如果你覺得你的收入比較高，宜趁早不著痕跡地讓對方知道，對方得知後若是不開心，就敬而遠之吧。

⓭強迫要與父母同住：「結婚條件之一——必須和我爸媽住在一起。」若碰到這種狀況，最好確認清楚對方的真正想法及原因。因為有的人是離不開父母的媽寶；或是父母年邁體弱需要照顧，於是討媳婦兼找看護。

通常父母會比我們早去世，離開父母是遲早的。因此，除非父母年邁到需要照顧且無法住進安養院，於是不得不提出同住的要求，否則，「我覺得爸媽會很寂寞。」之類的想法，其實是不顧及另一半感受的自私心理。
而且，如果是明理的父母，通常會尊重子女的生活方式：「你們想搬出去住也沒關係，你們自己決定就好。」
說得極端一點，對方要是沒有「就算拋棄父母，我也要和這個人在一起」的決心，你們兩人要同心協力克服難關是很困難的。

說了這麼多，我想這些情況大家或多或少都有，只是程度問題罷了。
而且，這些狀況，只要兩人相處久了，很快就會察覺出來；有正常的自我肯定感及自尊心的人，通常不會選擇這種對象。
但是，如果你也是個自我肯定感低的人，由於你們的自戀或自我評價方式很相似，就往往會一拍即合而步入禮堂，看似一切順利，這種例子還不少。
這就是「互相依賴」關係，因為互相依賴，即便有所不滿也分不開。此事無關好壞，只要自己覺得幸福就好。
值得注意的是，會家暴、虐童的父母，幾乎都是「互相依賴」型的父母。

事實上，這種人也不太容易找到條件優秀的人。因為這種人與其說是想找一個可敬的伴侶共度人生，其實打心底只有一個簡單的想法——待在舒適圈。

尤其創業家、經營者的人生難免起起伏伏，又有旺盛的挑戰欲，喜歡奮勇冒險。如果只是企圖靠花對方的錢來輕鬆過好日子，恐怕會因兩人的生活方式差異太大而容易起衝突。

話說回來，優秀的人才通常危機察知能力高，一旦察知對方是這種算盤撥得精的人，就不會選擇交往了。

成功者的配偶多半有種覺悟，不論對方遭遇什麼困境都會全力支持到底。我有個當老闆的朋友，他太太是家庭主婦，但她對我朋友說：「萬一怎樣，我就去兼差打工，你盡量放手去做吧。」

以上純屬我個人的獨斷與偏見，未必絕對正確。

能否將這些問題都視為對方的個性而接納與尊重，認同其價值觀，攜手共度人生，就看每個人的感覺及判斷了。

人際關係大比拚

很多人很奇怪，會因為朋友多或認識名人而感到驕傲。然而，朋友多不但與幸福無關，有時反而不幸。原因是，朋友越少越容易深交，越能互相理解、互信互諒。

朋友眾多的話，能與每一個人深交的時間就不夠，而一人一種個性，很多時候便不得不壓抑自己以配合對方。如果還要和每一個人見面，自己的時間和金錢都會相對吃緊。

這麼一來，很快就累了吧。

此外，那些認識名人而深以為傲的人，是錯以為能夠藉名人的權威來抬高身價；事實上相當令人同情。

碰到這種人，你不妨要求他：「是喔，那你能不能幫我跟他要張簽名？」對方肯定支支吾吾地說：「哎呀，我和他還沒熟到那個程度啦……。」

他們也可能會說：「是我才見得到面喔，一般人連門兒都沒有。」企圖炫耀「我就是和別人不一樣」。

如果你覺得不甘心、嚥不下這口氣。那麼，何不來一記回馬槍：「請問，你有因此獲得什麼好處嗎？找到好工作了嗎？年收入增加了嗎？」

才華與美貌，不是幸福保證

美麗能幹又人人稱讚的女同事，與備受看好的同期第一的帥哥結婚了——讓人多鬱卒啊！

但大部分人不會拿自己與她所擁有的東西加以比較，變得嫉妒、沮喪；他們會接受這個事實，承認她是得天獨厚的人而釋懷。

然而，有的人就是做不到。

這時候，請看看周遭，例如，看看演藝人員。有些演藝人員十分風光，看似什麼都有，卻離婚了，可見，並非擁有很多東西就會感到幸福。

有些童星紅得發紫，但晚年默默無聞，我們縱觀他的整個人生時，恐怕未必令人稱羨吧。

人人皆有煩惱，而且，很多贏得「好優秀！」讚美的人，其實付出了莫大努力，只是外人看不見而已。

例如，職業運動選手，他們在十多歲的時候幾乎成天練習，把同齡人會有的戀愛、夜遊等玩樂全部犧牲掉了。

他們因為這樣所以獲得金錢與名聲，但我們真能做到那種程度嗎？包括我在內，恐怕大多數的人都做不到吧。

再說，現役生命畢竟不長，還得迎接引退後生活毫無保障的不穩定人生，請問，你真的羨慕嗎？

僅看「現在」、「表面」，就覺得：「好羨慕啊！」「那個人真好啊！」這種短視的想法還是趁早打消比較好。

姿色如何？不重要

小時候因為缺乏經驗，評價別人的標準也相對單薄，只能用一目瞭然的外觀、運動能力、成績等來判斷。

但是，長大成熟後，我們就能用各種不同的標準來評價一個人了。例如，專心致志的力量、品性、包容力、關懷體貼、不屈不撓的意志、永不退縮的態度、冷靜面對困境的膽識、勇於挑戰的精神、不將失敗怪罪別人的清高等。

這麼一想，便知道，外表等魅力，不過是「其中之一」罷了。

反過來想，光只看到高富帥等一看就知道的部分，表示這個人沒有識人能力、深度思考能力，還沒完全長大，而且很幼稚。

女性的話，美女確實容易贏在起跑點，但之後將有更多年輕美女輩出，肯定有輸的一天。

如果一個九十多歲老太太身穿粉紅色花邊的超迷你洋裝、腳蹬白色高跟鞋，化個大濃妝再戴一帽華麗的大花帽逛大街，你作何感想？

青菜蘿蔔各有所好，並不是說這樣的裝扮就不行，但我想很多人會覺得有違和感吧。

為什麼？因為與本人的年齡不符。

例如，我現在年過四十五了，頭髮半白，但是，在我這個年紀很正常，所以我不染髮，半白就半白。

我的想法是，與其大呼「抗老」而抗拒年老，不如隨年齡當一個最恰當、最棒的「樂齡族」才有意義。

別人的老公，比較好？

「你看，這是我男友送我的禮物。」像這類人家沒問就自己開口炫耀的人。或「咦？他說了這麼過分的話啊？我男友才不會這樣呢！」等，藉貶損別人男友來抬高自己男友身價的人。

以及，「我老公要升上董事了，大概會更忙吧！」「我婆家事業還不小，我們住的房子就是我公婆買的。」等，炫耀先生或公婆很厲害的女性。

這些都是沒有自信的表現，他們不借用別人的權威就無法維持自己的尊嚴，實在可悲。

別人的男朋友、女朋友是何方神聖，都未必適合自己。例如，大帥哥就一定好嗎？似乎未必，搞不好容易招惹桃花而劈腿、搞外遇。

與其跟大帥哥交往，很多人更喜歡選擇一個可以一起看電視哈哈大笑、時不時在他面前放臭屁也無所謂的人，因為這樣的關係比較輕鬆自在。

或者，和多金貴公子結婚就一定幸福快樂嗎？似乎未必。收入高、存款多未必能大方讓妳用，有時存款多還等於小氣鬼呢。

有時候，雖然對方的父母家財萬貫，但拿出錢的同時必要多加干涉，往往讓婆媳關係鬧僵。

因此，如果你碰到喜歡拿別人的權威來自傲的人，就寄予同情吧：「哎呀呀，這個人不抬出別人就找不到自己的價值呢……。」「他找不到自己，才會拚命仗他人之勢吧？」

以上。如此建議，倒像我是個性格乖僻的人了，但是，如果能這樣一笑置之，相信你就能不受影響而怡然自得地生活了。

Chapter 3

有刺情緒不失控的安撫絕技

情緒易壞事，先冷靜才能把事做對

比起打趴別人，更該擁抱自己

如果你不想受制於嫉妒，想要善加掌控的話，那麼首先，你必須願意先承認：「啊，我正在嫉妒吧。」

醫學上有個名詞「病識感」（Insight），意指「知道自己正在生病」。據說，無病識感的患者很難醫治。

例如，一個認定自己是「天皇後裔」的精神病患，如果他本身沒有病識感，別人再怎麼說破嘴，他也不會聽。

同樣地，嫉妒、出於嫉妒的憤怒、報復心，都是在有自覺之後才能加以控制。但是，如果你不願正視這些情緒，或是持續否定，那所謂的「無名怨憤」（Ressentiment）便會如岩漿般持續滾燙。

尤其「我應當是一流菁英」、「我非成為這樣的人不可」、「我應該得到這樣的評價」等想法強烈的人，更會拒絕接受嫉妒等情緒，這些情緒自然難以控制了。

於是，這些人可能會在某個時間點突如其來地抓狂、火山爆發，或是做出一些討人厭的行徑，像是貶損別人以抬高自己、展現優越感等等，人際關係自然不佳。

此外，若一個人抱有「嫉妒是醜陋的情緒」、「不應該嫉妒別人」等想法，就會否定該情緒。但如此把情緒壓在心底，反而會出現對身心造成不良影響的症狀。

因此，請先建立一個觀念——**人會嫉妒，實屬正常**。

在「誰都會嫉妒別人」的前提下，就能認識到：「啊，我的鬱卒，肯定是一種嫉妒。」

當你能夠接受自己正在嫉妒之後，就不會莫名其妙地抵抗對方，或是總是過度放大自己，然後就能產生心靈上的平靜與精神上的餘裕，減少和人起衝突的風險。

還有一項重點，請對自己說：「**貶損他人，無益於提升自己的價值。**」認為批判、否定對方就能抬高身價的人，比想像還多。

真不知道這種誤會是從哪裡產生的，在旁人眼中，這種舉動既逞強又滑稽，但本人卻意識不到。

為了避免成為這種可憐人，最好記住：「說人壞話是三流的表現。」

拿捏「好距離」，負能量不暴走

話雖如此，承認自己嫉妒，等於是在承認自己無能或是比對方差，其實並非易事。

尤其，對特別自戀、自尊心過高的人而言，承認自己嫉妒是莫大的屈辱，絕對會極力避免。

之前已經說多過很多次了，這種人多半是幼年時家庭環境有問題，沒有培養出適當的自我肯定感，如今長大成人，也只能徒嘆奈何。

如果你感覺到快被嫉妒之情壓垮，或是衝動得想對抗對方時，請先離開，讓自己獨處，以免情緒暴走。只要到一個看不見嫉妒對象的地方獨處，應該多少能恢復平靜。

假設你平時就常被對方激起嫉妒心，那就避免沒必要的接觸，或是乾脆轉職、離開原來的交友圈等，重新建立人際關係。

不過，這只是症狀療法，如果又有其他嫉妒對象出現，你的情緒又將會翻騰起來。

尤其那些愛嫉妒的人，人際關係本來就不佳，這招根本無法解決問題。因此，為了不扼殺自己的情緒、不受情緒支配，我們有必要培養冷靜的自我分析能力。

根本的解決之道在於「反省能力」，例如，直接面對自己的情緒，找出原因後，思考該如何做、這麼做的意義為何等，找出一個態度，並且接納自己。

而在承認自己的內心有複雜且討厭的情緒，並了解該情緒的發生機制後，便也能理解別人的嫉妒心及負面情緒了。

於是，當自己說了某些話後，你能從對方的反應了解到：「啊，這句話是多餘的。」不會再繼續破壞彼此的關係。

聽懂內心警報，揪出潛藏的不滿

本書一開始提及，嫉妒有其必要，因此人類天生就具有嫉妒之情。為什麼說有其必要呢？因為「嫉妒是讓我們知道該往哪個方向努力的契機。」

一如前述，正因為「有興趣」才會嫉妒。對出國旅行沒興趣的人，不會嫉妒出國旅行的人；對鐵人三項競賽沒興趣的人，不會因為同事贏得鐵人三項冠軍而心生嫉妒。

嫉妒是因為別人搶先獲得了自己想要的東西。換句話說，嫉妒的時候，就是確認「自己的目標」的時候。

此時產生的焦躁情緒其實就是一種警告：「不能再這樣下去！」因此，正可以思考：「不能再這樣下去的是什麼事情？」「什麼事情讓人覺得不符期待？」「該怎麼做才好？或該如何修正自己的期待？」

簡單來說，嫉妒是一種訊息，讓人再次確認自己想達成的目標，刺激人採取行動，填補自己與現狀間的鴻溝。

懂這麼想以後，你就能對自己說：「謝謝你讓我產生鬥志！」然後全心全意聚焦在自己的目的、目標上了。

請確認讓你煩心的事，夠值得

不過，容易產生嫉妒心的人，對於他本人並不重視的事情，也一樣會燃起熊熊妒火。

因此，當感覺到羨慕別人，或是感覺到自己很不如人時，就要深思自己「真的想變成那個人的樣子」嗎？請觀察對方以何為目標、具體採取何種行動，然後思考那一切是否值得追求。

如果思考的結果是：「不值得。」應該就能放下了。

例如，聽到同事的男友送她名牌包而感到不爽時，請想一想自己為什麼不爽。是因為想要名牌包嗎？是因為沒有男友而想要男友嗎？或是因為男友的財力及能力不足以贈送名牌包而嫉妒嗎？

然後，再冷靜地想一想。如果想要那種包包，自己存錢買就好了，卻為此和同事槓上，不是很丟臉嗎？

是因為想要男朋友嗎？如果是，就請朋友介紹個好男人，或是去登錄手機交友軟體。

還是因為男友沒出息？如果是如此，就該和對方好好溝通，聊聊究竟你希望對方為你做什麼？你能容許對方的底限是什麼？然後去找到彼此都能滿意的相處方式。

運用諸如此類想法，讓潛藏於不爽情緒深處的不滿與欲望浮上檯面，然後就能加以解決。

沒在養山羊，很丟臉？

你有養山羊嗎？

我想，絕大部分的人都沒有飼養山羊。那麼，你會覺得沒養羊很丟臉嗎？你會羨慕正在養羊的人嗎？我想應該不至於眼紅到說：「那個王八蛋，居然在養山羊，看我如何修理他！」

然而，放眼世界，真的有一些地區會因為養太少頭山羊而感到丟臉的。為什麼？因為當地可以用山羊來以物易物，結婚的聘金也可用山羊來代替，因此飼養的山羊數目等同自己的身價高低，等同於名譽。

我想說的是，人們的嫉妒心不過是受到社會及時代環境影響的產物；只要稍微提高視角俯瞰一下，就能有更宏觀的視野，進而發現大家其實都在比較一些沒什麼大不了的事。

學歷也一樣吧。昔日，擁有大學文憑的人，的確人生會得到某個程度的保障，因此，只有國中、高中畢業的人會感到自卑；但時至今日，大家都看得很明白，光有學歷並不能保證幸福快樂。

或者，過去「擁有」是一種身分象徵，像是有一棟附庭院的透天厝、一部高級進口車，就表示人生很成功；但現在的主流已是「租賃」與「共享」。

因此，感到妒火中燒時，請反省一下，那些比較真的很重要嗎？或者就只是自己先入為主的觀念、根深柢固的成見？

同事偷懶，你不爽有用嗎？

只要專心投入自己喜歡的事，便不會在意別人的評價，也不會對別人的行為有任何想法。為什麼？因為「專心投入」本身是令人感到充實快樂的，等於已經獲得滿足感了。

另一方面，越是勉強去做自己做不到的事，想要獲得別人認同的「認同欲望」就會越強烈。而且，只要別人一偷懶、蹺工或蹺課，你就會覺得他「很狡猾」、「很賊」、「很奸詐」。

這種感覺最後會變成：「那傢伙憑什麼？」這類不公平感或嫉妒的情緒，甚至會攻擊對方。

例如，在職場上，「全面禁煙」的企業越來越多，據說原因之一，是因為有些人三不五時跑去吞雲吐霧而犯眾怒，惹得大家群起批判：「不公平！」

照理說，員工好壞應以成果來論斷，不論抽不抽菸，事實上只要能拿出符合公司要求的成果即可，但有人不這麼想。

不過，抱怨的人並無惡意，他們只是認為：「我說的又沒錯，我是在糾舉別人的錯誤。」成為正義的代言人了。

其他如小孩的家長會等，看到因工作忙碌而老是不出席、不願擔任幹部的家長，有些人就覺得「那人好狡猾」，這也是因為你過度勉強去做自己做不到的事情。若是因想做而做，應會感覺到：「不去做這麼快樂的事情，真太可惜了。」不做反而就會悶悶不樂。

因此，如果有這種感覺，請想一想是不是過度忍耐、過度勉強自己了，然後思考改善之道。

例如，對於「鐘形標誌」*的回收與整理工作，不妨提議：「改採社團方式，讓有興趣的人去做即可。」如果有人有異議：「『鐘形標誌』是學校日用品

*譯註：印在許多日本商品的包裝上，讓學校家長透過消費，收集「鐘形標誌」集點，再交由學校向相關協力廠商採購所需物資。

的經費來源，當然要所有家長一起配合。」那就試著說服對方：「學校若真的缺少日用品，應該用公費採購才對。如果公費有困難，又非採買不可，再由學校向各個家庭募款好了。」

公司也好、家長會也好、自治會也好，很多事情不做也不會造成大家的困擾，之所以沿襲下來，都是出於惰性，原因不乏：「因為每年都做。」「因為有這樣的慣例。」

此時不妨重新問問自己：「這些資料真的有必要嗎？」「這種會刊真的有必要嗎？」「假設停掉，會造成誰的損失？」

疲憊帶來壞脾氣，這樣能修復

要當一個不輕易嫉妒、能夠收服自身嫉妒心的人，無庸置疑，就要真真切切地感受到幸福。

當你覺得自己很幸福的時候，就不會跟人比較，即便有些部分比別人差，也能夠抱持「我就是這樣過日子啊」的態度，輕鬆帶過。

要抱持這樣的態度，方法之一便是——**建立自己的幸福準則**。

若能判斷：「這樣會帶給我幸福。」「這樣不會帶給我幸福。」那麼看到比自己更會賺錢的人、比自己更成功的人、比自己更幸福的人，也能立即恢復冷靜，想起：「我就是我。」

另一個方法是，了解自己的「天才」，並且不斷發揮出來。這裡說的「天才」，不是指能夠一飛沖天的超人，而是指與生俱來的個性及才華。

若能從事自己擅長且能夠專注的工作；也就是從事著日復一日、年復一年都不會嫌苦且能全心投入的工作，你將會感到莫大的幸福。這樣的工作即是你的**天職**。

每個人的天職都不相同，要想找到自己的「天才」，就要進行精細的分析，了解會讓自己「做得很快樂」的工作包含哪些要素。

探索自己的「天才」

「精細」是一大重點，因為很多人對於自己適合什麼、不適合什麼，只有粗略的掌握而已。

例如，「我喜歡人，所以想從事行銷、服務工作。」這就是分析粗淺的典型案例。

「喜歡人」這件事，具體而言是對人的哪一部分感興趣？喜歡和別人建立什麼樣的關係？這些都有必要更深細地探索下去。

例如，若是「對人的情緒感興趣」，那就不只有行銷、服務業了，像是ＦＢＩ的犯罪心理分析師，或是精神科醫師、心理諮商師等工作，也都應列入選項才對。

只要你能夠精細地探索出更多自己的強項，你的職業選擇及人生方式將更加寬廣。

教育小孩也一樣，如果孩子很喜歡做菜，不要只因為他總是做得很開心、很投入，就二話不說要求他去上料理教室，要他將來當一位廚師。

請試著將料理的要素分解成——構思菜單的創造能力、安排調理程序的邏輯能力、調整預期味道與實際味道的修正能力、擺盤的表現能力、料理與器皿搭配的審美能力等。

只要找到孩子的「天才」究竟具備哪些要素，就知道將來可以讓他往哪個方向發展了。

一個興趣，多重選擇

以我本身為例，將我所思所想以文章表現出來，正可以發揮我的才能，是我所擅長的領域，而我正在從事這項工作，因此備感幸福。

不過事實上，寫作雖是我的至福時光，但也並非單純因為我喜歡寫作就當一名作家。

我喜歡思考社會萬象、人的問題，並用自己的感性抽絲剝繭，預測讀者的反論，然後針對其反論提出實際可行的具體解決方案，或是想出新的表現方式再發表出來。

這麼一想，除了寫作以外，「講話」也是一樣的。我不僅從事寫作，也經常四處演講（「寫」和「講」都是屬於高親和性的行為，因此很多寫手通常也是演講人，反之亦同）。

我並非特別「喜歡人」；不如說，我對別人根本沒興趣，但我對於：「人為何有這些問題？」「該如何解決？」很感興趣。

以此條件來說，人們通常會想到適合從事顧問、諮商師等工作。

但是，一如前述，我並不是喜歡人，對別人也不感興趣，和別人（客戶、案主）見面不會感到幸福，因此我不從事這類工作（雖說如此，但我樂於討論新事物，所以我不是一個不與人見面而離群索居的人）。

你會「自我分析」嗎？

許多上班族工作結束後總是累得不成人樣，這就說明了這個自我分析的探討作業有多麼困難。

或者說，因為從來沒有人教我們如何自我分析，於是大家就機械式地被推進社會洪流中了。

然後又在學習聽命於上司、奉獻給公司的過程中，一步一步染上公司的文化、習氣。

在庸庸碌碌的日常生活中，要從已經滲入骨髓的勞動者根性、受雇者靈魂中拔出來，談何容易！

「非做那個不可，非做這個不可！」當你腦中充斥這類想法，便無暇思考自己在何種狀況下會有幸福感，以及那種狀況要包含了哪些要素。

逃跑吧，給腦袋放個假！

但是，有個方法很有效，那就是辭掉工作，用存款及失業救濟金來維持生活，然後無所事事地閒晃一年。

一個人放空很重要。因為要是總與別人攪在一起，就會受其價值觀影響而無法解放自己的心。

無所事事一陣子後，深入骨髓的「社畜精神」便會融解、流出，不可思議地，你會再次「想要工作，想與社會連結」。

究竟要閒晃多久才會出現這種想法？其實因人而異，有人需要超過一年，有人則不到一年，無論如何，一旦與社會隔絕而得以逃出牢籠，人就會想要「更自由」。

當這種動機越來越強烈時，你會探索內心世界，進行自我分析，然後有所領悟。如果覺得辭職門檻太高，也可以請長假。把這段休息時間視為一種治療，目的是讓剩餘的數十年人生，得以幸福快樂地過下去，那麼，你會覺得一兩年的放空，只是漫長人生中的小誤差而已啦。

原諒不了的仇人，怎麼辦？

如今的我，感到自卑時，都能立即以「不甘心」或「不關心」處之，輕鬆決斷出「該努力」或「該放下」。

不過，我也是快四十歲才到達這種境地，因此，我認為這必須具備相當的經驗與修養。我覺得自己是正處在「四十不惑」的狀態吧。

也就是說，並非讀完本書，就能立即變成「可以馴服嫉妒的人」、「可以將嫉妒轉化為正能量的人」。

本書雖已提供若干思想上的啟發，但閱讀之餘還是要靠你自己不斷面對情緒，不斷找出與之相處之道。

話雖如此，總會碰到無論如何都不可原諒的人。如果一想到某人就氣急攻心、妒火中燒，讓人坐立難安的話，該如何處理這樣的情緒呢？

有個女性朋友告訴我下面這個故事。

她和同事談戀愛，有一次兩人吵架，她找同為同事的閨蜜好友商量，對方說：「我幫妳去問問他到底什麼意思。」就這樣，這個閨蜜居然霸占她的男友，兩人還奉子結婚。

她後來才知道，這個閨蜜一直覬覦她的男友，她們其實根本是情敵。這下，我這個女性朋友不但失去一個閨蜜，連與男友步入禮堂的幸福都被奪走，簡直氣瘋了。

她撂下狠話，就算在公司與前男友或前閨蜜碰面，也絕不看他們一眼、絕不原諒他們。但是，她的工作開始因此出現阻礙。

這位朋友生氣是理所當然的。要是我碰上同樣狀況，搞不好也是怒不可抑。這種怒氣很難消失，即便換工作，每每想起依然會火冒三丈吧。

通常，人們會對現實與情緒妥協，憤怒會隨時間煙消霧散，但是，這種狀況下的憤怒與怨懟之情，弄個不好，很可能一輩子揮之不去。

但話說回來，再怎麼憤怒、怨懟，閨蜜都回不來了，愛人也是；如果還繼續陷溺在痛苦中，不是太浪費自己的人生了嗎？

此時該怎麼讓她從不斷折磨自己的痛苦中解脫出來呢？

方法是，和別的男人結婚，過幸福快樂的生活。當然，有人會說，要是能和其他男人結婚，她哪會這麼痛苦！這點我完全明白。但是，妒火熊熊燃燒而無法原諒對方時，最佳的報復手段就是「比對方更成功，比對方更幸福」。

感到「不甘心」、「太奸詐了」、「那傢伙憑什麼？」、「不可原諒」時，首先該做的是：「我絕對要比那傢伙更成功！」「我絕對要比那傢伙更幸福！」不是將嫉妒的矛頭瞄準對方，而是放眼自己的未來。

一旦你成功、幸福後，強烈的嫉妒、怨恨情緒或許不會徹底消失，但肯定會逐漸緩和，然後就變成一件再也無所謂的往事了。

Chapter

4

人際抗壓六訣竅，化解帶刺攻擊

生氣是讓對方得逞，
別跟著起舞！

巧辨他人情緒，別傻傻跳入陷阱

除了將自己的嫉妒心轉成正能量以外，還要鞏固好左右，不讓自己遭受別人莫須有的嫉妒。

例如，常有新聞報導情侶因無法和平分手而不幸釀成命案。嫉妒之情不但會讓我們破壞自己的人生，也會讓我們的人生遭人破壞。

一旦因嫉妒而抓狂，主司理智的大腦前額葉會麻痺，以致人失去判斷是非善惡、想像後果的能力。

為了避免淪為受害者，請謹慎觀察哪些人正在嫉妒，然後設法遠離他、不要刺激他。反之，如果自己一時抓狂，就要設法為情緒踩煞車，不要採取毀滅性行動。

在政治世界中，互相扯後腿是家常便飯，在職場也一樣，每天都在上演激烈的人事升遷爭奪戰。

誰想被人扯後腿、被毫無根據的流言中傷而遭到降職呢？誰想被女子小團體、同學家長、鄰居等風言風語而被迫搬家或換工作呢？

想要避免捲入這種棘手的人際問題，就要具備洞悉嫉妒者特徵的知識，學習不遭惹別人嫉妒的處世之道。

了解愛嫉妒的心理

在心理諮商現場，除了為嫉妒心所苦的人，更常見到的是遭到他人的嫉妒攻擊而受傷苦惱，最後罹患精神疾病的人。

因此，我們有必要學習一些保護自己的方法，以免遭到惡質壞人的傷害。

一如前述，很多愛嫉妒的人是因為幼年時期沒有獲得足夠的愛，或是在父母的強勢主宰下，總是壓抑自己、被拿來與人比較，於是自我肯定感低，常感到不安，可說是一種心理疾病。

這種人都有一些共通點可供辨別，因此，請盡量不去接觸；若是不得不接觸時，也要盡量點到為止。

首先，比較容易辨別的共通點是——愛**自誇**、**愛現**，**自我表現欲很強**的人。這種人在日常談話中也會貶損別人以抬高自己、展現優越感，或是突然說：「什麼、什麼？」強硬地插入別人的談話等，他們受不了自己不是話題的中心人物，因此很容易辨識出來。

這種人也喜歡分等級，連別人穿的衣服、拿的東西，都會一一比較。

另一種是——**不承認自己有錯，自尊心非常高的人**。這種人為了自保會找種種藉口或推卸責任，要是自己的意見遭到批評就鬧脾氣或強烈抗議。碰到這種人，就用一句「喔，是喔」帶過就好，別再與之糾纏。

此外，自尊心高的話，有些人會表面上裝沒事：「我才不會嫉妒呢！」「又跟我沒關係！」但其實內心妒火熊熊。碰到這種態度冷漠得很不自然的人，要特別留意。

這種人會做**消極式攻擊**（例如，故意偷懶、拖延來阻礙工作），讓對方成為替罪羔羊，因此，為預防對方說話不算話，最好寫電子郵件向對方確認討論內容及指示內容等，留下證據。

喜歡說人壞話、批評別人、愛聊八卦的人，也必須特別留意。這種人會將談話內容添油加醋後散播出去。

為什麼？因為對別人的事情感興趣、喜歡討論別人的人，往往是不與人比較就無法心安的人，也就是容易嫉妒的人。

如果你找這種人商量感情上的煩惱或討論上司的壞話，那麼很可能沒多久，你的事情就傳遍全公司而令你無立足之地，因此，還是別對這種人訴苦或透露隱私才好。

還有一種人也不能大意，就是**喜歡貼標籤、有被害妄想症的人**。或者是認定自己「沒錢所以不行」、「個子矮所以不受歡迎」、「腦筋不好所以做不來」等，視野狹窄而看不見其他出路的人，都最好避而遠之。

這種人因為缺乏自信而無法忍受灰色狀態。怎麼說？因為在灰色狀態中無法確認出自己的優越性，因此他們會指責對方的缺點，用貼標籤的方式來確認自己的優越性。

這種人認為：「要是肯定別人，我就輸了。」於是一旦斷定別人如何，便會剛愎自用，甚至輕蔑地對他人表示：「你啊，就是這種人吧？」叫人火大。

人類情緒及其機制

如果被人說了荒謬、氣惱的話，仍能夠心想：「他的這番話是出於這類心理吧。」便能減少生氣、不知所措、害怕的情緒，而有餘力好好應付。

因此，請養成一種習慣，觀察對方：「這個人為什麼會說這種話呢？」「為什麼會做出這種荒謬的事情呢？」並分析其背後的心理狀態。

若對方說話很失禮，例如：「你最近是不是胖了？」「你的髮型怪怪的耶！」有可能就是嫉妒作祟。或者，如果對方說：「這種人都有男朋友了，我卻沒有，太沒天理了！」「這個人沒本事，才只好靠美色取勝。」由於不願承認自己比較差，想顯示自己比較強，便經常惡言相向、酸言酸語。

不過，也是有人話都到了嘴邊依然說不出口：「那種女人都有男朋友了，我竟然沒有，真是不甘心，但卻又好羨慕啊！」這句話裡藏著欲求不滿，以及牢騷、不安等，因為這種人放不下自尊心，所以當然說不出口。

因此，面對惡言相向、酸言酸語的人，不妨心懷憐憫：「這個人有滿腹牢騷，才會拚命說東說西，企圖把自己正當化。」

說：「賤人就是矯情！」「你啊，就是○○吧！」這種話，妄自在你身上貼標籤的人，也是為了將怨氣一吐為快，讓自己符合心目中的典型。這時也不妨寄予同情：「這個人好可憐，他正在拚命掙扎求生吧。」

像這樣，即便是大多數人都無法接受的言行，只要能夠分析、理解，就能夠冷靜地忽略。

就算對方字字句句帶刺，也能雲淡風輕地說：「所言甚是！」「您說的很有道理。」閃避攻擊。

有知識與教養、個性成熟的人，本來就不會為小事抓狂，也不會輕易動怒。

換句話說，他們很少為被別人的挑釁所動（就算有，也會立即控制下來），因此能夠波濤不生，保持穩定的精神狀態。

例如，有些女生陪男友或老公去看電影、美術展後，抱怨：「一點也不感動，好無聊喔！」表示這個女生情緒很穩定，因此，這種抱怨無寧是可喜的。

勃然大怒、拳打腳踢、你來我往地互罵等，都只是動物的行為，人類的前額葉長得比其他動物大，而前額葉主司理性，因此人類若做出這類行為，顯然表示他格調太低了。

因此，我們要多吸收知識，分析人類的行為原理，再透過反覆思索來提高想像力。只要能獲得深度的教養，就能控制負面情緒了。

看穿「酸民」幼稚，遭人眼紅何必怕？

知道自己是哪一點遭到對方嫉妒，就能避免做出招人嫉妒的行為。

尤其男性多有執著於工作能力、社會地位、金錢、學歷、人脈等的傾向，因此，如果你在這些方面優於別人，只要別人不問，你千萬不要主動提起，不要陷入競相自誇的較勁中。

女性的話，比起工作、地位，往往更在意「光彩」、「美麗」、「充實感」等，喜歡嫉妒看起來比自己更幸福的人。

尤其女人對於男人給的評價相當敏感，雖是因人而異，但也最好避免談論男友、老公有多愛你，以免遭到眼紅。在職場也一樣，不要在眾人面前和男同事打情罵俏，才不會惹禍上身。

此外，女人喜歡組同溫層，重視朋友圈中的公平、平等。因此，她們一概不容許有人一枝獨秀，如果有一個人比大家更突出，大家就會聯手攻擊她、扯她後腿。

當你發現你正遭到嫉妒、受到攻擊時，請先仔細觀察對方的反應，同時想像一下自己究竟哪一點遭到嫉妒了。

只要養成習慣，分析對方言行背後所潛藏的情緒，或許就能想到：「這個人應該有這種傾向吧。」如此便不會輕易被他人的惡言惡行所激怒，能夠冷靜地回應。

這麼一來，如同前面所述，由於你知道這些嫉妒多半出於對方的幼稚心理，你便能生起憐憫心，或是一笑置之。

只要明白對方的心理狀況，即便受到攻擊，你也能從容以對，不會因這些惱人的言行而沮喪，也就能緩和心靈的創傷了。

網路是非多，別以為抱怨舒壓沒關係

遭到嫉妒的人當中，有一些人是在無防備的情況下做出自目的言行舉止，因而種下遭人嫉妒的禍根。例如，「我家小寶考上○○中學（擁有國高中部的名校）了！」「我以同期第一名的身分升官了！」「這個包包（普通上班族根本買不起的昂貴名牌包）是我男朋友送我的！」等等話語，就容易說者無心、聽者有意，很多時候說話的人不曉得這些話會惹怒旁人。

這種人通常欠缺想像力，想像不到別人會怎麼看待他的言行。

想分享喜悅的心情不是不能理解，但是，別人未必會有相同的感受，因此，請總是太老實表達心情的人必須特別留意。

注意他人反應

要多注意旁人的表情變化。會在無意中展現自己高人一等的人，通常都是那種不在乎氣氛突然凍僵、對方表情瞬間凍結的人。

女孩間的閒聊，像是：「我啊，可是男人沒斷過呢。」「賣我這種罩杯尺寸的店家好少喔，真傷腦筋。」這些話多惹人厭，相信不必多說，你也都明白才對。

這便是在拐彎抹角地表示：「我比妳們都更有女人味！」

話說回來，其實容易被嫉妒的人往往也是愛嫉妒的人。這種人強烈希望別人肯定他的優越性，因此會過度誇示自己的優越之處。

對了，以我老婆為例，我老婆經常「盛裝打扮」（她自己倒是覺得就跟平常穿著一樣），也會上電視等，活動很多。加上她沒戴戒指，在旁人看來，她不像是家庭主婦，而是單身貴族。

或許是這個緣故吧，她去參加派對、聯誼會時，偶爾就會碰到明顯擺一副臭臉、連招呼都不打的女人。

根據我老婆的說法，那些人的年紀都比她大。我想，她們應該只是嫉妒艷光四射的年輕女人吧？

但是，當那些人得知我老婆是兩個孩子的媽時，眼神就會立即充滿善意。我認為這是因為我老婆與這些曾經或正在養兒育女的人找到共鳴點的關係。

不要閃躲，也不要提油救火

許多演藝人員在社群媒體上的貼文引起爭議後，就會刪除帳號，噤不作聲。但除非是違反道德的內容，否則此舉其實更易招來攻擊。

為什麼？因為此舉會讓對方認為「大舉網路霸凌有效」，給他們一種「我們贏了」的自信，於是便演變成什麼事情都會攻擊的惡狀。

要避免網路霸凌有一招很有效，那就是「不要理他，不要回應」，雖然想用這招需要心臟強一點。但簡單來說，就是裝作：「不管你們說什麼，我就是充耳不聞！」

此外，也不要與之爭辯，不要提油救火。這點很重要。

對方的目的就是要鬥垮你，即便你想以理服人也沒用。他們只會不斷抓你的語病，或是極端扭曲你的語意，根本無法好好溝通。

回應與反擊不過是提油救火，無益於解決問題，反而徒增氣惱與不安。

會來社群網站攻擊的人，根本不講道理、不講事實根據，一心只想來栽贓、抹黑、找碴罷了，因此不回應才是上策。

如果攻擊的內容真的太超過，以「毀謗」、「要脅」、「強迫」等罪名報警，也是一個好方法。

另一個與網路有關的重要事情是，**不要輕忽社群媒體的力量**。

我就有過這樣的經驗，我老婆在超市買東西，不小心把那裡的購物籃帶回家了。

我像平常那樣，將這件糗事貼在臉書上博君一笑，結果，有網友留言說：「那是竊盜罪，最好刪除貼文，我有朋友就因為這樣被捕。」

於是，我上網一查，得知即便超市沒報警，也會遭到警方嚴正警告或逮捕，於是立刻將那則貼文刪掉。

我想說的是，你必須知道，即便你認為只有朋友圈會看到這則貼文，但還是有可能被轉傳出去。

還有一點，你要事先發揮想像力，因為有些事即便你覺得好笑而想與人分享，但只要內容有點觸犯禮儀或道德，就有可能遭到指責。

最後一點，你必須清楚知道──「凡走過必留下痕跡」，這些上網流通出去的訊息會永遠存在，而且很可能就此成為你的黑歷史，讓你一輩子吃不完兜著走。

面對「得寸進尺」之人的反擊絕技

話雖如此，有時依然會無可避免地遭到嫉妒。

如果實在忍無可忍，就準備好一套反擊說辭，必要時「啪」地打回去。

這麼做可能會讓關係生變，但如果不反擊，對方可能會越找碴越起勁，因此有必要適時讓對方知道：「這個人不好惹。」

而且，特別是喜歡貶損別人以抬高自己、顯露優越感的人總會佯裝毫無惡意，有時還會假惺惺地說（或者很多時候是真心的）：「我是為你著想。」因此也有必要讓他明白你並不是好惹的。

反擊的藝術

例如，你在工作上表現優異，結果有人佯裝擔心地說：「你看看你，皮膚都變粗糙了，還好嗎？」用這種酸度破表的言語來掩藏惡意兼一吐為快。

不論如何，因此受傷、憤怒都只是浪費時間，而且正中對方下懷。

這時候不妨說：「或許你只是愛開玩笑，但說這種話太沒禮貌了，請適可而止。」明確地要求對方停止。

如果對方依然不聽，就直接說：「被逼到不得不做人身攻擊、拿別人的外表做文章，看來你的心理狀況才叫人擔心呢！」「竟然說出這種話，可見你有多麼想滿足自戀！但我覺得這招根本不管用！」

不過，話都說到這份上，就準備要吵架了（笑）。

或是，對方會用「你根本不懂」來回嗆，但這句話只顯示出他無法適切地反駁，因而於心不甘、妒火中生。

因為，「你根本不懂」這句話等於全面否定對方，是一種自己完全不必深思就能貶低對方、抬高自己（感覺到這種優越感）的方法。

然而，其實我們的話裡，僅有一部分與對方意思不合而已，只是這點很難說得清楚。再說，那些往往都是枝微末節。

這時候，可以反問對方：「你說我什麼都不懂，那麼，你能具體說出我哪裡不懂嗎？好讓我學習學習。」

通常，對方會回嗆：「你連這個都不知道嗎？」「你自己去想！」如果是這樣，你就不客氣地再嗆回去吧：「啊，我看根本不是我不懂，是你自己也不知道該說什麼！明明是這樣，你卻硬要不負責任地說我什麼都不懂，是為了怕自己丟臉吧！」

別人的價值觀，聽聽就好

我也聽說有人在看到朋友的結婚照之後，竟然說：「跟『水豚君』長得好像喔！」

如果沒有惡意，就是這個人很白目，不知道別人會對這句話作何感想；但有時說這種話的人是嫉妒別人比他先結婚。

這時候，不妨對他說：「會說這種話的人，顯然是自我肯定感很低，應該是小時候沒有得到夠多的愛吧。」

「小孩還這麼小就送去幼稚園，好可憐喔！」

「果然還是有小孩比較好吧！」

像這樣硬把自己的價值觀套在別人身上的，也是想透過批判對方來肯定自己的生活方式。這種人雖有不滿、自卑感，但如果要他們承認，便形同自己的生活方式遭到否定，他們怎麼受得了？

對這種人主張自己的論點，或是反駁這種人的意見，他一定會三倍奉還地反駁回來，因此，不妨裝傻帶過：「是喔，是這樣喔！」「你愛怎麼說就怎麼說吧！」這麼一來，對方會認為：「再跟他多說也只是浪費唇舌！」因而有罷手的可能。

他人負面情緒，你何必接受

再舉例，如做菜款待婆婆時，被婆婆批評說：「天哪，不會太鹹嗎？你都煮這麼鹹給他們吃嗎？」然後硬說自己的調味方式才是最正確的。

這時候，也是用雲淡風輕的方式帶過即可：「是喔！」「我們家都是這樣煮的，大家都說好好吃呢！」

如果婆婆依然不斷挑剔的話，也可回：「你就一定要爭到你都對就是了？唉，幹嘛不去做點其他你比較有自信的事情呢？」——這種話畢竟說不出口吧？

「你就是這種人！」面對這種沒道理地硬貼標籤的人，你可以說：「哎呀，每個人都有很多面向，你這種以偏概全的貼標籤行為，就說明了你看人的方式很膚淺！」

「天啊，在你眼中，就只有少數這幾種人是嗎？可見你從沒有跟別人深刻交往過呢！」

提及自己買了新蓋的房子時，也可能有人掃興地說：「真的假的？現在比較貴啊！將來地價會因為人口減少而下跌不是嗎？」

這時就打煙霧彈帶過吧：「呵呵，其實這筆交易是有內幕在的，但是我不能告訴你！」

或者跟朋友說自己將要去夏威夷度假，結果，明明沒問他，他卻主動說：「我也去過夏威夷喔，有一家店叫○○的，還不錯喲！」「那裡太多日本人了，好無聊喔！」

對於這種愛顯露優越感的人，可以回他：「我是我，我開心就好，不勞您費心了。」

又或者有人說：「大家都說，你是用不法手段拿到合約的！」

你可以解釋：「請告訴我是誰說的，我必須向他好好說明，讓他了解實際狀況，不要以訛傳訛。」其實可能並非「大家都說」，而是「只有這個人在說而已」，這下他應會閉嘴吧。

「那樣行嗎？」至於面對雙臂交叉於胸前，用鼻子冷嘲熱諷的人，你可以回他：「不然，你有何高見，願聞其詳！」

寫出這些，或許會予人壞心腸的印象，而在你看來我只是把它們當成本書的材料，痛快地寫出來罷了。

話雖如此，將負面情緒發洩到我們身上的人，幾乎不會注意到自己的行徑，而且有時更聽不出也不在意我們的反擊，因此更讓人火冒三丈。

然而，讓這種情緒在心中不斷滋長，只會苦了自己，完全無損對方一根汗毛。就算想把對方拉下來（散播壞話、黑函等），恐怕也是徒留惡名。

尤其，越是「好人」越反擊不了對方，而不反擊就會讓對方得寸進尺，於是苦日子沒完沒了。

為了斬斷這種負面的沒完沒了，不如試著耍狠一下，直接逆襲吧！

小人難纏這樣甩，老死不必相往來

嫉妒心強的人，通常自我肯定感低，自尊心又高、超級自戀，除非他有所自覺並正視這個問題，否則幾乎不可能治癒。因此，想改變、抵抗這種人，基本上都是徒勞無功的。

對付這類型的人，最佳的方式就是採取戰略性忽視，亦即，盡量減少接觸次數與時間、不談自己的事、不說自己的信仰及主張，即便對方問起也要岔開話題。

這樣做等於是在拉開與對方的心理距離，讓對方覺得：「這個人不值得攻擊。」「這是個無關緊要的人。」而不致生起嫉妒心。

若是在職場、親戚間、家長會、自治會等，因關係特殊而無法忽視的場合時，就準備好前面提及的反擊說辭來阻擋。

你必須明白，每個人都住在不同的世界，也必須做好心理準備，人際關係可能將因此鬧僵，然後與對方保持距離。

若對方不斷升高攻擊，那表示小人難纏，就溜之大吉吧！與人結仇後，若不溜之大吉，難保不會被暗中霸凌，或被莫須有的謠言中傷而寢食難安，導致壓力過大且罹患憂鬱症。

萬一弄個不好，有人甚至因此遭到殺害，或是自己把自己逼到自殺。這種情緒就是這麼可怕，足以使人瘋狂。

無論如何，你自己的心靈跟生命才是最重要的，因此不妨換工作、搬家，遠離這樣的人際關係吧。

或許你會有點不甘心，但是，因嫉妒而瘋狂攻擊的人，永遠不可能獲得幸福；想當然，這種人既不會對你的幸福有所貢獻，你的人生也不需要這種人。

溜之大吉不等於輸，請把它視為一種重新找回幸福的行為。

都沒人嫉妒，你反而要擔心

踏實地認真努力；正當地贏得肯定，便能令人心服口服：「這傢伙真是拚命三郎，難怪會成功！」換句話說，只要能領先群倫，就不易遭到嫉妒。

雖說如此，不管你多麼努力、小心，當你在公司獲得拔擢、締造佳績而獲得讚賞時，總是有人心生嫉妒。

因此，你得先建立一個觀念：「**不遭人嫉是庸才**。」

人們不會嫉妒一個無關緊要的人，因此，你若遭人嫉妒，正表示你受到了肯定。

很可能是你的生活方式、你所完成的事，是別人想要卻無法實現的，所以引來嫉妒。

成功大可落落大方，不必卑躬屈膝。

重點是，不要趾高氣昂，可以謙虛地表示：「沒有啦，其實我的力量很小，都是大家的大力幫忙！」不要將功勞全部攬在自己身上，就能避開攻擊的矛頭了。

例如，部屬完成了一項任務，上司卻絕口不願稱讚一下，這種事幾乎每家公司都有。這種上司器量狹小，認為稱讚別人就是自己輸了，而他們無法忍受輸的感覺。

因此，當你成為褒揚的焦點時，更要謙虛以對，若不得不主動提及自己締造的佳績，最好也一併提起失敗談，雲淡風輕地帶過成功過程，並強調是上司、同事、其他部門等的通力合作才有這項成果。

也不要忘了笑容可掬地向眾人致謝。笑容是一種「從容自在」的表示，而且，正所謂「伸手不打笑臉人」，面帶笑容也比較不會遭到惡言相向。

即便如此，有時還是會遭到冷嘲熱諷：「我看不過是碰巧走運罷了！」

這時，就將一切推給運氣吧：「真的，真的是運氣好而已。」「只是我湊巧擔任這項職務罷了。」

推給「運氣」的話，就有打煙霧彈的效果，不會讓對方直衝著你來。

反之，如果有人成功了，絕對不能說：「是運氣好吧！」應該稱讚對方的努力及能力，就算不甘心，也要加以肯定。

能夠表現出這種態度，自然能緩和他人的嫉妒之情。

順帶一提，我們經營者圈裡也常常在聊：「要是被網友們蓋高樓，就表示你成功了！」

就算你沒洋洋得意，只要受到周遭的好評、讚賞，自然有人會嫉妒你。在我們經營者圈都認為：「這是一種證據，表示你完成了一件有價值的事。」

另一方面，在我們作者圈，則是一般認為要是你的專欄或書籍引起網路論戰的話，表示：「打動人心了。」也是採取肯定（不必為此沮喪）的態度。

應把遭人嫉妒當成獲得肯定的證據，並且轉化為自尊心，向周遭人致謝，以光明正大的方式繼續努力。

結語

為自己而活，別被情緒耍得團團轉

你不是為誰而生，也不是為誰而活。你的父母也是希望你幸福快樂的。因此，我們的一切思考與行動，都最好是朝著「我要幸福快樂！」的方向前進。

「情緒」也一樣。當出現負面情緒、負能量時，你不該否定或模糊該情緒，也不該裝作沒看見，你應當虛心接受，停下來想一想：「我該如何導引這種情緒，才能獲得幸福快樂？」

當然，「我就是做不到才會這麼痛苦啊！」這種心情不難理解；一如本書所述，控制情緒沒那麼簡單，往往也不可能立即達到那樣的境界。

我現在雖已經不會被情緒耍得團團轉，但也是走了很長一段路才達到目前的心境。

因此，接下來，你應該在日常生活中用自己的方式不斷挑戰下去，直到有一天能夠冷靜地俯瞰情緒，自行修正軌道為止。在這個過程中，你的心會一天比一天更加穩定、成熟。

這就是我們人類的精神成長方式，也是只有人類才能走上的幸福大道。

本書舉出許多有點極端的例子；也提出許多驚人的解決對策，只希望能對你有所助益。若你能因此做好心理建設，將負面情緒一笑置之，覺得：「活著真好！」那將是我身為作者的至高榮幸。

國家圖書館出版品預行編目（CIP）資料

有刺の情緒 斬・斷・離：絕交 13 種情緒暴力，讓嫉妒開酸、吃味嘲諷、帶刺怒嗆不再傷己傷人，找回你的自信與強大內在能力／午堂登紀雄作；林美琪翻譯. -- 初版. -- [臺北市]：方言文化，2020.08
面； 公分
譯自：「できないことはやらない」で上手くいく
ISBN 978-957-9094-76-4(平裝)

1.嫉妒 2.人際關係

176.521 109009433

有刺の情緒 斬・斷・離

絕交 13 種情緒暴力，讓嫉妒開酸、吃味嘲諷、帶刺怒嗆不再傷己傷人，找回你的自信與強大內在能力

「できないことはやらない」で上手くいく

作　　者　午堂登紀雄
譯　　者　林美琪

總 編 輯　鄭明禮
責任編輯　林雋昀
業 務 部　康朝順、葉兆軒、林子文、林姿穎
企 劃 部　王文伶、李偲嫄
管 理 部　蘇心怡、張淑菁、莊惠淳

封面設計　FE 設計
內文設計　江慧雯

出版發行　方言文化出版事業有限公司
劃撥帳號　50041064
電話／傳真　（02）2370-2798／（02）2370-2766

定　　價　新台幣300元，港幣定價100元
初版一刷　2020年8月5日
I S B N　978-957-9094-76-4

DEKINAIKOTOHA YARANAIDE UMAKUIKU

方言文化